時報出版

覺醒

看懂你的命運藍圖，
找回真正的自己

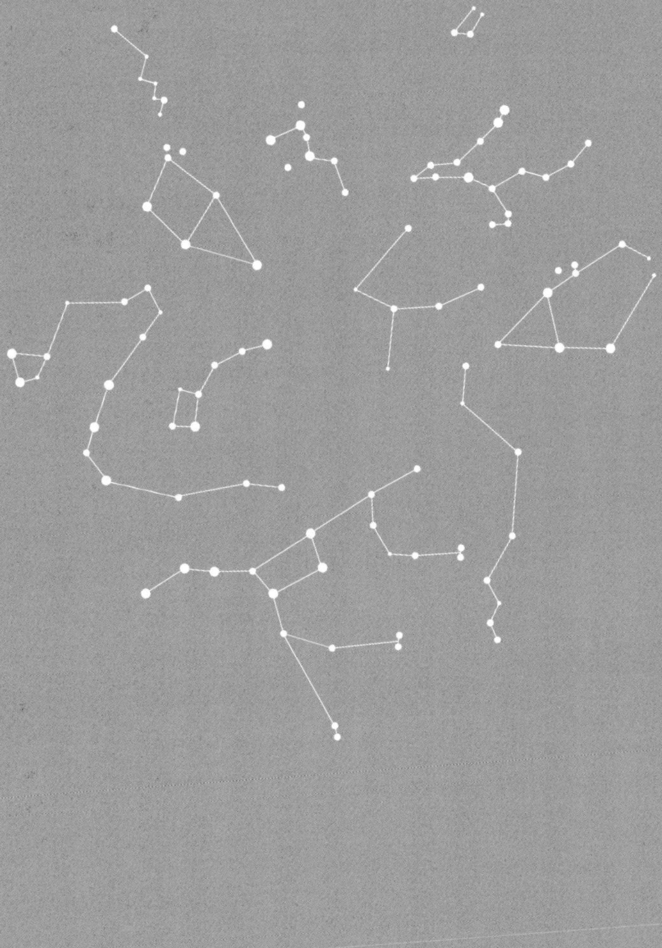

林霖——著

每個人都有「人生功課」，只有找到自己、愛自己，才能完成這一次的靈魂旅行。

Chapter 1

林霖的生命劇本

Chapter 2

找出「我是誰」

Chapter 3

改變，找到最好的自己

Chapter 1

林霖的生命劇本

真正的修行不在山上，而是在生活中；
家庭，就是我們修練的最佳道場。

童年回溯

每個人有回憶的時間點不太一樣，有人三、四歲開始才有回憶，有人還記得嬰兒時期的模糊感受，有人甚至有子宮裡的記憶；但小時候的記憶對我來說，是寧可忘記一切，對於孩童時期的所有印象，都很希望只是一場夢，甚至一度想要刪除某些片段！

對外，我很少主動提及關於原生家庭的生活，大家都只是聽聞我是被叔叔收養的孩子。我的生父與養父是親兄弟，所以若沒有被養父收養，理當要尊稱他一聲「叔叔」。

以當時的年代來說，生父本身的經濟狀況相當不錯，在地方上也相當具有影響力，受到一定程度的尊重，只要地方上有任何大事需要決定、小事需要商議，都會先想到要來向他請教指點。

養父則是一名受人尊敬的老師，長年投入教育界竭盡棉薄之力，培育出很多優秀的學生，與養母結婚後也相當會理財，所以在生活上可算是小康家庭，不愁吃穿，只是有一個缺憾，就是結婚多年卻一直沒有孩子來作伴，雖然也是尋遍名醫或是人家介紹的偏方，試過不知道幾回了但還是不如所願，身邊的親朋好友們就建議他們領養孩子。

後來，親友們為他們介紹許多願意送養孩子的家庭，他們都不願答應，因為認為那不是真正跟自己有血緣關係的孩子，結果就這樣想到了自己哥哥的孩子。

生父總共有八個孩子，我是排行老六，上面總共有三個哥哥、五個姐妹，叔叔覺得，哥哥有很多小孩，如果與他商量收養其中一個，也都還在林家，相信哥哥一定會答應的，於是就跟自己的哥哥開口提出要求。

原來想收養的是我的二哥，結果卻被拒絕了，叔叔目標就轉向二女兒身上，再次提出要收養的請求，但生父心想：你這個弟弟開口跟我說想要收養孩子，都是選擇最帥的、最漂亮的、也最聰明的，怎麼捨得給你做小孩？

於是，第二次提出收養的要求，又被斷然拒絕了，兩兄弟也為了此事起了些爭執和口角。

最後，在親友團的勸說下，生父就指著當時懷孕四個多月的生母說：「你大嫂肚子裡的孩子，不管是男生還是女娃，生下來就送你！」

於是，當時還未出生的我，就在這樣的安排下正式送給叔叔收養，成為叔叔、也就是養父的女兒。

從小的家庭教養讓我處在一個高權威與高要求的環境中，養父母對我的物質生活照顧得相當好，包含所有用的、吃的、穿的，都讓我過得非常舒適，養母對於我的照顧更是無微不至，為了不要讓外人覺得沒有把我當成親生的對待，小到被蚊蟲叮咬都會覺得心疼，甚至責難自己沒有把我照顧好，可以說是真正捧在手心上養，深怕一個不小心就碎裂般。

當時還小的我，覺得我的父母是天底下最好最棒的，甚至覺得我當他們的小孩非常幸福，因為親生兄長和姊姊們與街坊鄰居的同年齡孩子常常會以羨慕的眼光看著我，我的生活就像一個千金小姐，也被塑造成驕縱的個性，套一句現代的說法就是「自我感覺良好」，有一種高高在上、氣質好素質高、不可侵犯的孤傲感，並且相信只要我永遠這麼聽話、順著父母的意思，就能一直過著人人稱羨的生活。

直到祖母生病的時候，為了就醫方便來與我們同住，由養父母來照顧，養母要幫癱瘓中風的祖母盥洗梳理時，需要我在旁一同幫忙攙扶，我就這樣當成祖母的背給她靠著，好讓養母方便梳洗。養母總是邊照顧邊不斷重複同樣的話語：「林家歷代都是出孝子。」，在我小小的心靈中，便埋下不能夠不孝的念頭。

一直到有一天正要準備梳洗時，我一如往常地坐到祖母的背後想當靠背，突然間，祖母整個人瘋狂掙扎倒下後就離開人世了，那一刻，我才驚覺有一天我的父母也會走，可是我卻不願意接受這一刻，因為這樣子我所認為的千金生活就沒有了！

或許是因為祖母的離世震撼我的心靈，本來就已經很「聽話」的孩子，也默默在心中認為長大後的我一定要是「孝順」的孩子。

當時我還只是似懂非懂的年記，更加深天真的想法，只要我不讓父母煩惱擔心、甚至是難過傷心，就是聽話、孝順了，於是，我漸漸擔起所有的家務，包含打掃、煮飯等等，無非是希望看到父母開心，沒有擔憂。

持續平凡地度過幾年，我突然生了一場重病，檢查出來是胃出血，也因此瘦到只剩三十多公斤，簡直是皮包骨的慘狀，一直好不了，不管如何醫治、換了多少醫生，都沒有辦法改善症狀。

在每況愈下之後，有人建議要養父母帶我回部落去，讓巫師來醫治我的病。養父抱著死馬當活馬醫、半信半疑的心情，回到生父家中，請了巫師來為我治療。

當巫師開始為我祈請祖靈、唸經文來除去病情，昏昏沉沉、半夢半醒間，耳邊似乎有個聲音在對著我說：「以後這是妳要做的。」這個聲音一直盤旋在我的小腦袋中揮之不去，印象非常深刻。

經過巫師的治療後，我的身子竟然開始好轉康復，治療的期間，養母捐了許多血來救治我，讓我更加清楚知道，不要讓養母不開心，盡量事事順她的心意，畢竟，我的性命是養母給救回來的，我所有的一切也都是養父母的，我的未來只要更加「聽話」就好。

雖然直到現在為止，養母時常說起這一段故事時，還是會說：「我女兒身上的血都是我的，不是別人的。」；但此刻，對於「聽話」的定義，我在當時就已經有了自己的詮釋。

面對自己舊有的傷痛

我們常聽聞別人提起「欠父母債」，從小因為「聽話」這兩個字，像是黏皮糖般在我的雙腳下，每踏出一步就覺得要花九牛二虎之力才能夠往前走，直到長大了一些，心智上更加成熟了，才感受到「聽話」與「順從」變成我給自己的一個枷鎖。

因為養父一個很好的朋友家中有了變故，他老婆因為交通意外身故，唯一的女兒變成沒有人陪伴，養父在情義相挺之下，就把我送到台北讀書，美其名是要栽培我擁有更好的學歷，實際上是要陪伴朋友的女兒。

當時我還想，可以到台北生活了耶！可以有自己的一片天了！來到台北家一起生活的期間，大家都很疼愛我，也很照顧我，但由於家中的長輩是一位立委，每天都很忙碌，所以我們的生活起居都交給家中的傭人協助打理，但畢竟是別人家請顧的傭人，只針對主人家負責。

於是，在台北的期間，每天早餐自己處理，中餐只用一個空的便當盒裝了滿滿的白飯，從冰箱拿個雞蛋打在白飯上面，到了學校再放進蒸籠蒸熟當作一餐，因為我的零用錢每週只有一百元，是養父給我坐車回去的車費，我必須省吃儉用。

這樣子的生活我整整過了一年多，心想只要不餓死就好了，但我從來沒有告訴養父母這樣的情況，因為我不想讓他們擔心煩惱，一心只想完成養父給我的任務——陪伴別人家的女兒。

現在回想起來，如果是現代的家庭環境，正值發育的年紀這樣養的話，不但會營養不良，也可能會吃上虐童的官司，但我就這樣硬挺著走過來了，因為骨子裡一股強而有力的不認輸，支撐著我度過這一切。

求學期間，讀的是升學班所以壓力與競爭非常大，也因為養父是老師的因素，所有人的目光與焦點都很容易停留在我身上，關注著我在學校的一舉一動，成績優不優秀。還記得某一次段考我是全班第三名，不知道哪來的傳言，竟然說我作弊偷看別人的答案，全班都對我投以異樣的眼光，老師更是把我叫去辦公室詢問，我當時真的很難過，心中油然升起一股怨念。

我真的很努力唸書，為什麼要這樣說我？我只不過想好好讀書表現，讓父母高興，難道進步也有錯嗎？

在萬念俱灰之下，我開始萎靡不振，心想既然大家都認為我是這樣子的人，那我努力有什麼用？所以我選擇放棄，書不愛唸了，考試也都不準備了。

結果接下來的狀況可想而知，每次考試的成績都是第一、二名——倒數的，父母看到成績單簡直快崩潰了，覺得我沒有出息也覺得很丟臉，看到我都只能搖頭。

於是青春期之後，在父母眼中或者是外人所看到的我，都覺得我無藥可救了，可能因為正值青春年華，叛逆的小腦袋所想的跟小時候聽話的自己已經大不相同。雖然當時的我被人所鄙視、所看不起，認為這個孩子以後也不會有什麼成就也沒什麼用，但我印象非常深刻，當下的那個我，意外地竟然非常平靜且輕鬆。

我突然感覺到原來有很多事情不需要強求也不需要去爭，反而會比較輕鬆，於是，我開始做一個隱藏在別人認為的「我」底下那個真正的自己，像是一個想要脫逃出去的小鳥般，殷殷期盼著有一天要往外飛翔，離開這個家。

因為唯有離開這個家，我才能夠不再做他們心中的那個「我」，所謂的真正的我，雖然還一知半解的，但我認為只要離開這裡就是真正的自己。

事情當然沒有順應我的如意算盤，二十三歲那一年，父母決定幫我相親，想說反正沒有什麼出息，不如趁年輕找戶好人家嫁了算了！

相親的對象是養母的大姊的兒子，當我知道這件事情之後，我極力反對，我跟養父母說我不嫁，我若嫁了以後誰來照顧他們？

但其實另外一方面，我心裡想的是，從小到大所有事情都是按照養父母的心意進行，難道連嫁人也要按照他們的意思嗎？

父母用盡各種手段就是要我嫁給他們選擇的女婿，當時不知道哪來的勇氣與膽子，我拚命抵抗，就算被打死我也不要嫁，養父氣得要把我趕出家門，脫離父女關係，我因為不順從只能選擇離開。

向養父三拜九叩後，我離開了台東，離開了那個所謂的家。從小到大我不曾忤逆父母的意思，第一次的抗拒也是唯一一次。

對於感情和婚姻，我也有少女情懷的美夢，我應該要選擇一個我自己喜愛的人，而不是嫁一個父母覺得可以託付的對象。

雖然這樣的反抗換來如此的下場，但也開啟了新的生活視野和新的生活環境，也讓自己有了不同的力量，我暗暗在心中對自己許下承諾，我一定要好好的做自己，有一天我一定會帶著成就回家去，屆時養父母一定會原諒我，不再與我計較，畢竟我是他們唯一的小孩，以後也只有我能夠好好照顧他們。

不知道是不是上天怕我忘記回家的路，生命當中，總有大大小小不同的刺激發生，因為刺激會迫使人改變，才有機會蛻變。

當然，對於自己的婚姻，我還是一樣抱持著我自己決定的心態，就這樣，因為朋友介紹相親，認識了先生。

婚姻是一場修行

人生當中可以自己決定的第一件事情，就是結婚這件事，我天真的認為，只要結了婚、有了自己的家庭，就可以脫離父母的枷鎖限制，從此踏入與先生恩恩愛愛、被先生細心呵護的天堂。

這個對於婚姻的憧憬，來自於養父母的影響，因為養父母一直都很相互尊敬與恩愛，養父對於養母的疼愛自然不在話下，對我的影響也很大，認為婚姻就是這個模樣。

大家都聽過也知道這句話，「婚姻是雙方修行悟道的道場」，結過婚的人都能深刻體悟，婚姻其實是兩個人的一門大功課，在我選擇了自己所選擇的，同時也等同於向所有人宣告我的婚姻一定會非常美滿，並不會因為沒有照著父母的意思就一定會很慘。

雖然當時我決定要嫁的時候，父親在公開場合說，這個婚姻是我自己選的，跟他一點關係都沒有，那段不被祝福的話語，現在回想起來依稀在耳邊環繞著，所以無論如何我一定要把自己的婚姻維持得非常好，要讓所有人都看到，這個婚姻是完美的。

我全心全力扶持我的先生，讓他成為一個受人尊重並給予認同的人，更重要的是要讓我的父母接受他，所以在我們結婚後，便與先生商量也鼓勵他，為了我們的家將來更好，去考警察特考乙等，每天陪著先生準備考試。

先生如我期望考上了，我很開心，我當時還想著，我終於出運了，除了家中經濟來源更有保障之外，重點是乙等考試並不好考，能夠考上也讓我父母對於這個女婿另眼相看。

通過這次的特考，先生更加全心全意、萬分熱情地投入工作，因為他本身的努力，他的職場生涯也更加輝煌精彩，在刑事組期間從先生手中破獲許多的大案子，所以晉升的速度也相當順利與快速；但是相對的，我們的家庭卻潛藏了一些變化。

因為工作的關係，常常我與孩子要和先生見上一面、好好吃頓飯都很難安排，他一工作起來就沒日沒夜的，一出門可能好幾天沒辦法碰面，因為職業的關係，也不見得時常能聯繫，當時智慧型手機還沒發明，不像現在只要 Line 一下就可以聯繫，我成了偽單親，自己一個人照顧三個孩子，孩子若生病，常常從住院到出院爸爸都不知道。

家中若出了什麼事，我從一開始為他提心吊膽，到最後變成碰面了反而更加疏遠，兩個人都不知道要講些什麼，他回到家就好像住飯店一般，越來越像是陌生人。

當所有生活上的大小事情都要自己獨自擔起獨撐時，不免會想起父親在我結婚時講的那一番話，但我忍下來了，因為我就是為了要成就、圓滿這個家庭呀！

先生一直投入在工作當中，我身為他的妻子，理當默默守護好這個家，唯有這樣好好扶持先生，才能將我心目中的家庭給維持住。這樣子過了幾年，若真的要細數點滴真的很辛苦，苦與累（淚）只能往肚裡吞。

所以要分享所謂的修行體悟，勢必要先從我自己本身的故事講起，現在所有人看到我的婚姻，人稱人羨、好不美滿，要不是因為懂了老天要給我的功課，說不定我還是在死胡同當中打轉著走不出來，不斷的抱怨自己的先生！

沒有哪一對夫妻不吵架的，我跟先生也曾共同面對我們的婚姻難關，雖然結婚了，卻少了一個人在旁互相支持，什麼事情都要自己來，在外面受人尊敬、人人稱讚的先生，回到家來與我面對面只有冷冷的面容，我已經快撐不下去了！

是因為心中的呼喊的關係嗎？在一個機緣之下，有了宗教信仰，同時也開始與濟公師父的結緣，並且也皈依在法鼓山聖嚴法師門下，將我自己部分的時間與精力，依託在信仰當中，才不至於淪為行屍走肉的人生！

只要每次又遇上讓人覺得無力感很重的時候，我都會跪在地上問著老天我該怎麼辦，或許，這是我的靈魂已經開始發出求救訊號了，要維持這個家完整，不要再有更多的爭吵、不愉快的情況頻繁出現，除了還是選擇忍耐之外，我有天突然像是被敲醒般，覺悟到婚姻裡不可以只想要依靠男人，我必須有我真正可以掌握的，所以我再次投入職場工作，學習一技之長工作賺錢。

不過說實在的，從小到大無論我做什麼事情，一開始都是不被支持的，就連同我自己漸漸開始有能力工作賺錢時，娘家的人，甚至包括我身邊每一個的人都不解，覺得我先生的工作已經很不錯了，我又何必出來工作賺錢？

絕大部分的人都不知道，我工作賺錢也都是給家裡用，但是想要工作的原因，除了想要做自己以外，也必須要有能力照顧好自己的生老病死，萬一這個男人沒有辦法依靠的話，或是當父母需要我的時候，我才有能力可以處理與照顧。

現在的我，很高興自己當初做了這樣的決定，並且有勇氣行動，回頭想想當初在婚姻當中覺得委屈的事情，真的要再把舊事翻出來，心裡還是隱隱約約有點痛，人說真正的修行不在山上，**真正的修行不能脫離社會，不能脫離現實，而且要在生活中修行，而家庭，就是我們修練的最佳道場**。

當事業發出求救訊號

憑著一股不服輸的個性使然，我選擇往美容行業發展，好不容易打拚了幾年，交出不錯的成績單，也賺到了一些錢，有自己的天空可以盡情發展，不再只是一個只能依靠丈夫過日子的女人；家裡急需用錢的時候，也可以應急，不需求助先生；父母生病時，有能力可以帶他們就醫治療，把父母的基本生活給照料好；孩子想要學習任何課程也有能力栽培；自己想要犒賞自己的辛勞，也是用我辛苦所賺的錢買的，是一份心安理得，是一份從容自在感，投入工作中的時間，對我來說是一種愉悅感，彷彿這個才是真正的我！

從在娘胎開始，我的一生就注定必須活在別人的安排下，養父母對我的要求與期望，我也一直都順應著他們的心意，雖然成長的過程中，也有一些不聽話的小叛逆，而被養父痛扁過，但除了婚姻之外，我從來沒有自己做主過自己的人生。

認識養父的人都知道，他對我的教養方式雖然物質無虞，但家教卻非常嚴格，如果不守規矩一定會被揍得很慘，還記得有一次，差一點被養父氣極而丟過來的玻璃菸灰缸給打到腦袋，還好被我們隔壁的林校長給制止了，他對養父說，這麼乖的一個孩子，你為什麼還要這樣對待她？

從那個時候開始，我內心有個聲音越來越清晰：「我要做我自己！

不要再被限制住了！」，從原生家庭到我自己選擇的婚姻，有各種事件發生，不斷的刺激提醒著我，要做我自己，要做我自己，要做我自己！

但不管如何，天底下沒有不是的父母，我還是要求自己一定要做到孝順，從小到大的忍受或順應，默默的一點一滴都刻在心頭上，成為日後覺醒的動力。

因為從小這一份骨氣在，老天也在我的婚姻當中不斷給我刺激，看看我能夠撐多久，雖然我擁有屬於自己的事業體系，先生在工作職涯中也樹立了許多豐功偉業，但他忘了還有一個家，是需要與他的另外一半共同經營的。

家，不會自動長大，需要兩人用愛的灌溉滋養，如果太太把所有的事情都扛起來，這個家有沒有這個丈夫好像都不要緊了，我為何還要留戀？

但濟公師父卻告訴我說：「妳必須要在裡面悟到智慧，妳要把這個婚姻修圓滿。」

雖然已經在拿香拜拜接觸宗教了，但心裡面偶爾還是會想，你們這些神就是神，根本不懂我的苦，如果我從你們說的就可以在我的命盤中轉變我的人生，那以後就全都聽你們的！

於是我開始接觸命理，從我的命盤去了解自己為什麼會走到今天這個樣子，為什麼我怎麼做，到最後終究要受到傷害，我到底是哪裡錯了？

學了一陣子，還真的找不出原因，畢竟眼前還有許多屏障遮蔽自己的心，看不見自己的陰暗面，有諸多的業力來阻撓著智慧，我沒有辦法更清楚給我自己方向，所以才對神明發出抗爭的訊息。

投入工作中奮鬥努力，那幾年真的為自己賺了些錢，買了一間小公寓給家人做一個安頓，甚至還自視甚高地認為人定勝天，沒有什麼是自己做不到的，根本也不會再去想師父對我說的那一番話，甚至把師父已經提前暗示我要為神明做事的訊息拋諸九霄外，正在意氣風發時，一個被精心安排的設計，讓我的事業幾乎一夕之間全垮，甚至還揹了百萬債務。

我不知道該如何面對這樣的殘局，更慘的是，只要知道我事業失敗的人，都不免要嘲笑一番，往傷口來撒鹽，我才又想起，師父當時有跟我說，要我好好以命理的方式幫助他人，如果這真的是老天給我的處罰，我也只能接受。

因為想重新振作再出發，不想因為這樣的重創跌倒變成一輩子被人恥笑的話題，所以就跟所有人遇到生活上的難題一樣，拼命的求助神明幫忙，並且也不斷發出訊息說我會按照上天的安排乖乖去做，當然啦，老天並不會因為我這樣說說，馬上就改變我所有的命運，反倒是更加不理會我。

對於我的請求，不管如何拜，根本沒有讓我有所感應，但是這次我學乖了，我乖乖的去做，用命理主動來幫助人。

事情一開始進行得不是很順利，畢竟我又不是名人，也沒有名氣，咖啡廳就是我的行動辦公室，每天都不斷想要找機會幫人諮詢。這段剛開啟的論命之路，接收了不少異樣的眼光與言語，所幸從小到大都習慣這樣子被人看不起的調性，練就了那一段時間的充耳不聞，我所能做的就是靜靜等待老天給我的安排。

或許是看到了我如此堅定的心意，老天終於回應我了，就好像在黑暗中有一盞明燈指引著我前進，漸漸的，我也再次因為想要找到自己，有了一條回家的道路。

可能從小就是順從的個性，沒辦法看到身邊的人的痛苦，既然透過命理的方式也能夠讓我徜徉在其中很開心、自在，在愛我的家人、我的親人之餘，能夠幫助更多的人，這不是一件好事嗎？

所以後來我毅然決然決定了我的命理之路，走到今天，我常常問我自己：我贏了嗎？

我自在了，所以我贏了，不再有枷鎖可以綁住我。

目前我最大的心願，就是能為好命兒建置禪院，讓好命兒身心上都有一個歸屬的家，或許，我希望日後當你在人生路程遇到任何事情，碰到任何困難或阻礙，能有機緣透過我的諮詢深談，幫助到你，一直到我閉上眼睛為止。

因為，這就是我要做的事情，**這就是我、也是我的靈魂要做的事**。

Chapter 2

找出「我是誰」

所有受的苦都是來自於「不清楚自己是誰」，
悲歡離合、喜怒哀樂、生老病死不斷重複上演，
就是要給我們一個體驗與成長的機會。

靈魂旅程

一生當中，你是否會常常陷入一種迷惘的狀態，像一只風箏看似自由，但卻常常不由自己作主，努力了大半輩子驀然回首，不知道自己這一生當中到底是為何而戰？看似風光的生活卻沒有一個踏實感，追求所渴望的生活願望卻也無法心想事成！

所以已經不記得從何時開始，內心底層開始想找答案，藉由外部的支持力量，比方對於宗教的依託、進行心靈禪修，書籍、影音的分享學習，甚至是直接找老師來進行諮詢等方式，好像給自己打上了一劑亢奮劑得到了助益，原本是烏雲滿布的天氣頓時變成晴空萬里。正當一切覺得無所礙時，生活上還是出現了感情、事業、財運或孩子等問題，卻沒有辦法將這些所接觸的應用在生活中解決突破。

這是為什麼呢？因為我們從來沒有好好的去探討一個問題，那就是——**你來到這世上是來做什麼的？**

所有受的苦都是來自於「不清楚自己是誰」，於是人生當中就會有很多的悲劇跟痛苦不斷不斷地上演。道理人人都懂，但要是遇上狀況，卻不知道怎麼使用，然後又是一連串的謾罵、抱怨著「都沒有用啦」！只在意自己的肉身感覺（包含思想、情緒），忘了靈魂（真我）的存在。

用腦袋自己篩選、過濾出自己想要看見的事物或期望的結果，接收肉身想要接收的訊息，也就是都把這個肉身當作真正的真我在處理事情，就會根本不在乎真正的事實是什麼！

我們都是用肉身在抗拒事實，用大腦去思考，用人的角度看待事物，而不是用靈的角度去處理事情，如果是這樣，也許你會覺得，為什麼靈魂它不直接告訴我要怎麼做才對呢？

其實，讓悲歡離合、喜怒哀樂、生老病死不斷重複上演，就是要給我們一個體驗與成長的機會，要讓我們自己與生命的源頭重新做好連結，在這巨大的傷口上不定時的蹂躪撒鹽，也是要努力幫助傷口好好的癒合起來，當你感受到那撕裂般的痛楚、爆炸式的憤怒時，學習從自己的思想、情緒當中，定靜觀照來破解原有既定的人生模式，也才有契機讓肉身與靈魂連結起來，趨近真我的境界。

我常常用車子跟駕駛員來形容我們的靈魂跟身體，車子代表肉身，也就是我們的身體；駕駛員就是我們的靈魂。所以真正主宰者是誰？是靈魂！是靈魂讓車子能夠驅動行走，但我們如果將車子（肉身）當成了真我，沒有請靈魂幫你好好掌握方向盤，就好像發動的車子沒有駕駛員，只能用自動駕駛的方式設定既有的路線行走，這一條就會是你的人生之路。

我們自以為可以控制自己的生活，做出選擇，但事實上卻是一部被自動化制約的機器，由自己的性格受後天生活環境、教育、重複發生的生活事件這些加總起來再乘以前世業力，就是你的人生模式，統稱為「命運」。

讓你這部車子在沒有駕駛員的狀態，橫衝直撞，撞來撞去又回到原點，碰到這麼多的痛苦，這麼多的悲劇，但無法真正改變自己的命運。

一旦你能真正了解身體跟靈魂的關係，以及知道靈魂為何而來，才能真正認識自己，將阻礙許久的問題迎刃而解，那才是改運！

同時，也要在這裡慎重告訴大家，不是所有靈都能夠有機會提升與淨化，世界上雖然每一種生物都有它的靈性，但靈性的高低不同，一般我們都會分為兩種，一種叫高階的靈，一種叫低階的靈，靈魂來到這世上，就是為了要提升自己的靈性來成為所謂的高階的靈，而這些高階的靈，就是我們所稱的佛、神仙或者是上帝，我們藉由肉體的神經、有感官、知覺，體驗生活中的快樂、痛苦、友情、親情、愛情各種感覺，每一個靈體跟其他的靈體，產生溝通跟學習，產生一定的能量振動，遇見了同樣的人、同樣的事、同樣的互動方式，讓某個模式來主宰命運和行為，才能夠淨化自己的靈魂，這也就是靈魂為何來到世上的原因。

也許你會說，既然是來淨化我們的靈魂，那為什麼苦多於樂呢？那是因為如果一旦樂多於苦、太安逸的話，你會有想改變的動力嗎？靈魂也是一樣啊！

靈魂如果樂多於苦，也會忘了它要透過肉身淨化它的靈性，一旦靈魂墮落，將多世修來的成果毀於一夕，讓自己好不容易提升的靈性，落入到低階靈等級，也就是大家所熟知的六道輪迴。

宇宙間，有一種自然法則，在宗教裡面分為六道，是為佛道、仙道、修羅、人道、畜牲、地獄道，在行為上若符合了畜牲道，在投胎轉世時便以畜牲的肉身為肉身，更糟糕的是若連畜牲都不如的話，當然就會進入地獄道，在宇宙間自然分配靈性去處，稱為自然之道。

世間存在著一股力量，冥冥當中在公平地掌管並維護萬物的平衡，或許你會說這是來世的問題，但是俗話說：「不是不報，只是時候未到。」**人生是一面曲線圖，何時起落真的說不準**，甚至原本是頂峰之人，都有可能在一夜之間傾家蕩產，不是只有在蓋棺那一刻才會決定如何被分配，**過去發生、現在當下種種的行為，都會關係到自己未來的命運牽引，也許下一次的命運轉變就是明年，也許是下一個月，甚至在明天！**

人，其實並不理性，是慣性的用大腦（肉身）的思維與感覺（情緒）來導引，走相同的路線，即使這一條路讓我們覺得痛苦，還是很堅持的認為這個方向是對的，自以為是地去控制、限制這個肉身，在故事情節中不斷掙扎。

要知道，這一些顯現或是六道，不是神明在幫你決定的，生活中會有種種的困難與苦痛，其實都是在幫你自己，希望我們自己可以從這個過程中，找回自己的潛藏力量，所遭受的不同境遇，是進一步的不讓你忘記你是誰。

如果我們有去深切地了解靈魂來到此的用意，就不會有錯覺認為幸福快樂都是操控在別人或是神明的手裡。神明是高階的靈，已進入了天道，不在我們的六道輪迴裡面，所有的神靈都不能破壞自然法則，若有違反，祂必須被打入凡間重新再來。

不過雖然神明必須遵守規則，但我們可以藉由呼求這高階的力量，來幫助現在的自己，將覺知的光帶進來，覺察自己的頻率，是藉由現在這個身體，消弭黑暗的能量，找到靈魂未來的去處，走出既定的人生模式，使自己的身心靈健康，也就是靈修。

所以，如果在這一世只顧著吃喝玩樂，沒有將靈性修好，那麼原本是人的靈性將墮落到一般動物的屬性，輪迴轉世於畜生道，來世成為一隻流浪狗，被人追打，但還沒輪到我們投胎那一刻，若無法去觀照自己的思想，讓情緒聚焦在某件事情上，無法主宰我們的慾望時，只會賦予這些限制的枷鎖更多的能量，切都切不掉，趕都趕不走！

就像有些人一輩子都在追錢，但永遠都追不到錢；一輩子都在找對象，可是身邊的伴永遠都會背叛，都是一樣的道理，要怨誰？那就要怨自己了！

我們都要很慶幸現在能為人，因為六道裡面唯有人道可以修進高階靈，千萬不要浪費來到這人世間的福分，心中若有個很深切的渴望在驅動時，面對每天的生活都要活在當下，發生的所有人事物都是一種巧妙的安排，要不然是不會發生的。

當你願意有承擔地面對總總的考驗，神靈也會聯合起來幫助你，淨化投胎在你身上的這個靈魂，提升你的靈性，才不會回到低階動物屬性的世界去，這個自然法則，是誰都跳脫不出的織網。

輪迴與業報

我們都希望在自己的人生當中能夠越過越好，越變越好，所以常常會透過很多的方式，要讓自己在這一生當中有個成功的人生，但是往往卻力不從心。

就像有些人在情感上面總是會遇到背叛、負心的人；有些人明明在職場上面表現得比其他人更努力，可是總會遇到難纏小人、挫折或失敗，甚至有的人這一生永遠都離不開苦——如果我們能夠了解靈魂跟肉體的相關性，認知了靈，祂才是我們人生的駕駛員，也認知了祂選擇投胎到現在這個肉身上，就是為了要淨化自己（靈），從我們自己選修的人生功課，所浮現的人生問題，包含感情、事業、人際、健康等等，都是過去的舊傷，也就是為修習好的課業所呈現的結果。

當碰到問題的時候，我們若沒有去體悟、沒有去修習好應該完成的功課，不幸的事情將會一直在我們的人生軌跡中，重複上演來影響了我們的生活、影響所謂的運勢，這輩子做不好、沒做完，下輩子還得從來一次，一直到我們把人生所有該做的功課圓滿完成為止！

相反的，當我們能夠改變某方面的命運時，也代表自己在某方面的功課做完了，自然會覺得人生不再被過去的設定所操控，一道道堵在前面的牆被移開了。

因果、業力與輪迴之所以存在，是因為靈的存在，因為每一個人都有專屬的記憶體，能夠記錄我們累世任何時間發生的每一件事，就算肉身不在，再轉世時，這一些被記錄下來的都會彰顯在下一世。

輪迴轉世有一種規律模式，事情會發生也都是有原因的，而那個原因就是為了幫助自己，不斷地透過靈魂的重生，使我們能夠進入一種不同的層次。

靈魂為了學習新的知識和了結與解決前世的無知，從累世所種下的因緣，重生選擇再投入另一具新的肉體之中，選擇我們來到這一世的父母、環境等，也就是所稱之命運；命運是一種磁場能量所形成，他有陰陽五行，就潛藏在出生的八字裡，這個八字就是我們的生命密碼，安排了我們的人生功課，更可以說是我們的靈魂來到人間大學要修的課表，也就是說，我們這一生都必須要像一個學生一樣按表操課。

八字的組合，除了代表自己累世的功德和業障以外，也包含了祖先、父母的功德業障，**縱然是同年同月同日生的人，也不會有相同的命運產生**，八字的不同造就命運的不同，**每一個靈都可以根據祂自己的因緣，形成一個命運磁場，也就是我們自己的人生功課**，要知道這樣的安排，是要理解自己從何而來？為何會發生顯現這一切？

所有的因緣顯現都有一個最基本的真理，都是要來淨化自己的靈，整個生命的學習目的就是為了淨化，所以不管遭遇到什麼都是好的，都是對的，沒有所謂的幸與不幸，也沒有人是受害者，了解靈的存在，認知靈的存在，知道自己要完成的人生功課。那麼請好好地按表操課吧！

聖嚴法師說過：面對事情的時候，一定要面對他，要接受、要處理、要放下，爾後碰到的人生問題是自己選擇了這個肉體，自己選擇了這個家庭，自己選擇了所遇到的事、這些人，都是你需要的，不論我們在這一世選擇了什麼，都將是來成就我們自己的，接納當下，不要徒然浪費力氣去抗爭，藉由觀照自己的思想更正面地去接受，不是用負面的能量把它當作一個苦來看。

一個人想要改變命運，方法只有一種，就是從「事件」當中調整信念、想法、行為，來修正所有「不自然」的行為。這種不自然的行為，我們稱之為「妄念」，也就是執著，人只要順應著自然法則，我們的磁場才能夠跟天地間自然的真理相呼應，才能真正的運用天地之理扭轉乾坤，來改變自己未來一切的命運，如此才能真正的達到趨吉避凶、離苦得樂、幸福自在。

這一些都將是來幫助自己的恩典，在與我們的生命源頭——靈魂連結時，神靈也會回應我們的祈請，賜給我們在沒有懼怕之下做出對的選擇，轉化為我們真心想要的事物上。

認識前世今生

漸漸的，好命兒會開始覺得靈魂的重要性，在這一本書裡面所要談的都跟靈魂有著非常緊密的關係，想要認識自己是誰？「靈魂」才是關鍵！

我們的所有因果輪迴，包含常聽聞關於前世今生是怎麼樣的形成，奧祕跟關鍵點都是在於因為有靈的存在。

每一個人都是肉體跟靈的結合體，那麼靈又是什麼呢？因為靈是完全看不到，我們也感覺不到所謂的實體形象，不是很容易可以具象表達與體驗到關於「靈」的存在：這能量雖然看不見、摸不到，但卻是確確實實的存在。

現代科技如此進步，當然也能夠以科學儀器探測，我們可以試著從兩方面來舉例說明，證實靈魂的存在：不知道你是否曾經逛過販售天然水晶專門店，比較具有規模的專門店會擺上類似的人體能量顯現技術的科學儀器，當儀器照射到人體時，人體的四周會有一些色彩光譜或者是光環，這些就是我們所謂的氣場、磁場，也就是我們的靈魂，靈魂是沒有形體的，就像一個氣場的物質。

另外一方面，我們再舉個例子，譬如做諮詢時，也是很多人會有的經驗，當我調閱當事者的前世今生命盤時，如果前世在鬼道，我就會直接說出他晚上常多夢、去很多地方，碰到不同的人，是因為這個靈魂祂會出去遊走，不管睡多久，起床還是很累；或者你去到某些地方，會覺得場景相當熟悉似曾來過，這都是靈魂祂曾經出走去過那個地方，所以才會覺得熟悉，好像來過的感覺。

有些自己帶天命的人，第六感非常的敏銳，尤其是在抉擇的時候，冥冥中心裡頭就會有一個聲音出現，答案可能跟你原本所想的完全不一樣，甚至阻止你去做這件事，當發生這種可能不能控制的狀況，心裡可能會有一點不舒服，其實這種種的跡象都是我們的靈魂在提醒我們的訊息。

看到這裡，當越來越認清靈魂存在的事實、前世今生的連結、因果輪迴的運作，以及許多對生命從何來往何去的疑惑，我們都會開啟新的觀點，找到真正的答案。

靈跟肉體最大的差異是肉體會死亡，而靈卻不會死亡，人是肉體跟靈的結合體，而肉體的生命是非常短暫的，數十年之後就一定要走向老化、死亡，但靈是永恆的，肉體雖然死亡、靈卻不會消滅，只是祂離開了肉體。

換句話說，人死後肉體會化為塵土，但是靈經過一定的程序後會再與一個新的肉體結合，轉世投胎為另一個新生的人，那麼先前已死的是前世，現在新生的是今世，前世跟今生是兩個完全不同的肉體，卻是相同的一個靈，因為肉體會死亡，所以靈不斷的輪迴。

同樣的一個靈，經過不斷的輪迴，就產生許多的前世，也就是我們所謂的累世。

前世跟今生因為靈的存在所以才能夠連結起來，今生雖然是全新的肉體，但現今這個肉身上的靈卻帶來許多前世與累世所有的紀錄，一生的命運與走向，必然與前世的所作所為有著密切的關係，前世今生糾纏與交疊，找出我們要解決、改變的所有命運關鍵點，阻礙生命當中的所有一切終將一一的排除。

前世今生的連結

對靈魂有了更深切的認知，對前世今生的交疊也更明白時，因果業力的循環對於我們這一世的命運有很大的關聯，透過六道的輪迴，我們可以從裡面去投射對照出來我們來到這一世，人生功課是什麼？

這一世的前一世，也就是離現在最近的那一世，會影響今生應該要修習的功課是什麼？本身有什麼樣的個性或特性？

從佛家的角度來說明所謂的六道，分為佛道、修羅、仙道、人道、畜牲道、鬼道。

「佛道」的特性是悟性很高，喜歡鼓勵別人，帶給人們希望，有時自不量力幫助人、為別人付出，最後造成財務上的困境或負債，為人心地善良且善解人意，總是能夠忍氣吞聲包容所有的一切，不跟人家計較，但是因為前世福量夠，這一世不缺衣食，逢凶皆能夠化吉，時時貴人祝福，所以這一世的功課，是來修理財，也因為福量夠，只要一努力，比誰都能夠賺得到錢，唯獨對錢沒有概念之下很容易寵壞周邊的親人，所以理財是佛道的人一定要有智慧去修習的功課，悟到了便改變了在金錢上的觀念，那麼這一世就可以把前世所有的福量，再加上這一世自己悟到的道理，這一生衣食就能更加的豐厚，財源才能夠廣進。

「修羅道」的個性比較孤傲且叛逆，非常的聰明，IQ也非常的高，但若看EQ則不是挺好，有修持的慧根，心性靈巧，對藝術、手藝方面非常的有專精，今生的口業善惡性仍然很重，由於非常倔強多變，不喜歡被別人約束，也極度不喜歡人家管，獨立自主的個性可以說是個戰將，工作效率非常高，但因為怕麻煩，前熱後冷、沒什麼耐性，所以三分鐘熱度，個性衝動得罪人都不自知，他的名言是「人不犯我，我也不會去犯人」，所以修羅在這一世就是要修掉這樣的性情跟個性。

「仙道」的特性是定性不足，喜歡雲遊四海的人，享受對他們來說是來到人間的一個要務，心無大志，所以工作沒有辦法穩定，喜歡被人捧在手心疼愛，又無法面對汲汲營營的現實生活，感情依賴性非常強，不結婚、不想談戀愛，沒有愛情又活不下去，所以很容易成為第三者的愛情糾結，這一世的人生功課就是感情債。

「人道」的個性固執且非常務實，對於數字非常有觀念，一板一眼的斤斤計較，對人極度不安全感，非常不善於經營人際的相處，一生立志功成名就，人生處處都以理性跟務實為規範，在現實人際關係中欠缺較為感性的一面，會記仇而且是放在心中的喔！所以這一世要修的功課是人際關係。

「畜生道」的特性是什麼呢？就是所謂聽不懂人話，把自我放第一，以自己的需求為需求，做任何事都自作主張，絕大部分都無法聽進別人的建議，性格剛烈具攻擊性，會以壓迫的方式自作自受，一股散發的霸氣是強烈的佔有慾，總是希望按照他的方法來愛他們，喜好沉溺在感情當中，對感情最屬執著與放不下的類型，所以這一世的人生功課就是在感情。

「鬼道」的特性，先天很容易帶隱疾，生存適應能力非常強，很重視物質面的生活，所以貪愛、貪情、貪錢，依賴性非常的重，喜歡別人為他付出，很容易遇見陰間的訪客，所以心性不定常會分心，很愛熱鬧或者喜歡在外面遊蕩，縱使沒事做在家也都待不住的那一型，這一世要修的是對「財」的觀念，因為本身非常在意別人觀感，甚至會有討好人的特質出現，過於重情義，所以錢財很容易給出去，只要有財進來，身邊的人就會想盡辦法一次把他搜刮完畢，破財格局也非常的重，所以此生「財」是最必須要修的。

我們常說有法就可破，既然可以利用前世今生觀看前世，找出對於今生生活當中互相交疊的影響力，由前世今生的連結，帶給我們這一世的命運訊息是什麼，都可以清清楚楚的攤開來，那我們究竟能不能改變我們的命運？當然是一定可以的，因為**命是定的，運就是用前世今生軌跡，應用所學習的自然之道的方法與理念，就可以找出解決方法來扭轉。**

生命藍圖

你是否想過這一生會有多大的成就，會有多少的財富？

你是否想過，會與什麼樣的人廝守終生、相愛一世？

你是否常因重大的衝擊和深深的傷害不得其解，無法脫離痛苦？

其實這都是命定，都是**我們的靈魂在未來到今生這一個肉體之前，**

早已和你的指導靈——也就是我們所謂的守護神，在討論的會議中為我們設計好的生命藍圖，這個生命藍圖裡面所有的一切，都是根據我們的靈魂累世恩恩怨怨、累世未修圓滿的課程而規畫出來的，靈魂和指導靈在經過商量之後，甚至是靈魂為了要完成祂即將投胎的這一個肉體的功課，苦苦哀求拜託前世所有他最愛的家人、情人、朋友的靈，能夠來這一世幫助靈魂修完成功課學分。

在不得已的狀況之下，**前世的家人、情人、朋友因為太愛你了，受到靈魂的請託，全部都答應來今生扮演黑天使的角色，來到這一世不斷的考驗我們，甚至讓我們愛得死去活來**，最後的可憐結局就是被拋棄，或者受到重挫痛苦不堪，種種一切都是我們的靈魂要求而來的，所以不要再抱怨自己的命不好，因為一切都是自己招喚來的。

但也請你不要卑微認定這就是命而就此認命，那是一種可怕的自殺行為，會不斷讓自己陷入生活上的痛苦輪迴，更不是規畫出來的生命藍圖中想要得到的結果。好好的正視現在的自己吧！因為老天對待每一個人都是公平的，每一個人都有又直又寬敞的人生道路，只因我們來到人世間時忽略靈魂的存在，把小我這個肉體的慾望看似高我而自大了，當越自大時所呈現的一切，會和靈魂的距離越來越遠，就像一些不相信命運的鐵齒之人，最終不得善果而自食其果，未完成這一世要修完的功課，而自我制限過著痛苦的人生。

我們若不能好好的和自己的靈魂合作，就會像一個混亂的磁場，當這個肉身磁鐵的磁性是不穩定的，請好命兒想想並告訴我，祂能夠吸附東西嗎？

若當我們願意跟自己的靈魂好好合作的時候，靈魂的磁場就會穩定而強烈，當磁鐵磁性強而有力時，想要吸引什麼好事的時候，當然能夠吸附得過來，所以要與自己的靈魂合作，想要呈現顯化的人生願望才能夠一一因你而吸引過來，想要擁有財富祂就吸引來，想要事業成功祂就吸引來，這就是圓滿的人生啊！

所以我們的靈魂開不開心、快不快樂，對於本身的運勢有極大的影響性，這個生命藍圖是我們自己的靈魂跟我們自己的指導靈一起商議來的，既然是由自己的靈魂所選擇的版本，那麼所有一切的苦也是我們自己的靈魂請求而來，我們應該要深深合作的是哪一個、要感恩的是哪一個？當然是靈魂！

所以，想要跟靈魂溝通，跟靈魂結合，那麼從現在開始好好地看著自己的心，每天好好的感恩一切所有的人事物，漸漸的，我們自己就會開始感受接收到靈魂引來所有一切的好，同時本身也會在感恩之下無所求。

來到此生的目的

思想家莊周曾經說過這麼一段話：「哀莫大於心死，愁莫大於無志。」大多數人來到這一世，在人世間行走耗盡了大半輩子的時光，回過頭來卻不知道忙碌是為了什麼？努力又是為了什麼？看似付出所有一切，到頭來卻感覺一場空、像一場夢，就好像水中的一株小草隨波逐流，看起來好像是在行進，但其實是在水中給限制住飄盪，並不是真正在行進，隨著流水流向哪裡就搖擺到哪裡。

諮詢萬件的案例當中，尤其是當事人接近知天命這樣的一個歲數，感受力通常非常深，徬徨不知所措，每天都處於害怕自己的未來不知是不是會過得好？身體會不會好？財富會不會夠用？那種不安全感會引起一個人的精神面出現躁鬱、憂鬱的狀況，當這樣的人面對諮詢的同時，其實就像蒲公英一樣飄盪在半空中，摸不著天、踩不到地，沒有辦法去思考自己往後的人生，往往只能外求，希望別人能夠確認、幫助他們自己做一個決定，希望藉由諮詢來幫他們確認往後的人生（命運）該怎麼走。

為什麼會有這樣的一個狀況？其實根據這麼多的諮詢案例，我整理出來大部分的人就是不知道自己這一世要來做什麼，所以每天都會處在一種時而焦慮、時而開心、時而痛苦的人生百態！

其實老天爺安排的這條人生道路，是根據自己累世的因果，為我們開啟另一條又直又寬敞的路，但是我們這個肉體用著高我的角度來驅動這個小我所有的人生，致使很多人沒有辦法悠遊自在地過，找不到專屬自己要走的那條路，**人生的 GPS 損壞，就會開始產生更多的恐懼與不安全感**，內心強烈地發出「我到底在幹什麼？」的吶喊。

這本書一開始就從我聊自己的成長、人生經歷開始，從二十三歲濟公師父帶領我突破自己的每一個人生關卡，我所體悟到的我，簡化人生成為兩大項原則，這樣我們來到這一世時，只要好好的去進行，對於今生要修習的功課或者對於自己的人生絕對會是圓滿成功的，不管過去自己的累世因果如何，只要能夠好好的將這兩個大原則用心地經營、體悟並且完成它，我相信現在正在閱讀這本書的你，也可以跟我一樣創造出專屬於自己的圓滿生活。

想知道有哪兩個大原則嗎？要如何進行與實際行動？第一就是要來

了善緣，來到這一世會有我們出生的父母，會有我們的兄弟姊妹，會有親朋好友，而你會認識的這些人，前面也提過都是你前世非常愛的人，他們也是非常疼愛你的人，你委託了他們來到這一世成為修練你的黑天使，來糾正你，來了善緣，藉由周遭的親人、好友們糾正你、修練你的同時，與他們互動相處的時候仍然願意付出真跟愛時，我們才會體悟其中的道理，當自己因為自己的改變而影響身邊的人，去帶動做了順向的運轉，甚至不再有逆向的衝擊，修正完成累世所沒有修好的功課。

簡單的說，來到這世上絕大部分的時間，在我們五十歲以前要來完成靈魂給予這個肉體任務，就是藉由我們這個肉身跟人相處互動的時候，面對所有的人事物，要去修練自己這個靈祂過去不符合自然之道的行為，也就是常提及的任何方面的執著跟妄念，從我們出生到五十歲，在將近一萬九千多天的日子，也算是有給了很長的時間去學習，如果還是沒有辦法放下自己的執著跟妄念時，我們就沒有辦法真正去悟到我們的靈魂，究竟是要帶給我們什麼訊息與功課了。

真的心還有愛，如何適當運用得恰到好處的時候，就會領收到我們自己的靈魂要給予什麼樣的禮物，因為往往在剝開這個彩蛋之前，在層層醜陋的包裝下一一的拆解後，在五十歲以前，把靈魂託付在這個肉身上，去了解的恩恩怨怨，最後是一個善緣結果，這樣到五十歲以後，進到我們接下來要說的第二項的原則，叫作幫助人的事業。

因為五十歲之前，真的能夠去自己的生命源頭——靈魂連結互動，讓靈魂感到非常的開心，只因為我們用今生所給予的肉身來修練好功課，那麼我相信，屆時整個人的心境將會是非常自在，而且面對所有的人事物時的心態都是抱持滿滿的愛，覺得自己雖然年紀到了五十歲，歲月在身上刻下痕跡，但心中卻有著一股更踏實的動力，要我們完成另外一項要務工作，由衷地以全力把它實踐完成，而那股力量絕對不會輸給青壯年時的你！

身上滿滿的愛是自己的靈魂包覆賜給我們的，成就這個時候的你，就像前面所述的，是一個具有強大吸引力的磁場，非常強力的磁鐵，我們真正可以放下所有的一切。但這裡所講的放下一切，並不是要你什麼都不要，而是在我們努力的過程當中，因為想要幫助他人、成就他人，讓自己羽翼豐厚而有能力去照顧更多的人、幫助更多的人，這不單單是指實際的物質生活，也包含心靈的健康豐盛程度，這樣我們的靈魂，更加感受到我們在與祂合作的其間，除了幫助祂來完成這一世能夠完成功課的修習之外，同時還幫助祂做了更多的志業功課，將來在百年之後，祂順利回到靈界中交付的成績單可以說是修得圓滿，來世就不用再落入六道中輪迴了。

用短短的這兩個原則來比擬，**說明了人生就是那麼簡單，沒有很複雜**，但是我們常常用我們的眼睛，來監督別人、檢查他人，而不是往內觀看自己，請好命兒務必好好的想想！人生的路是直又寬的，從出生到五十歲這樣長的時段，希望每一個人都能夠好好的理解，而且悟出這一生當中要完成的功課，**碰到痛的時候要靜靜的看事情，不逃避、不批判、不抱怨，全然的接受它、經歷它**，當我們學會靜靜的看它的時候、接納了當下的時候、不浪費力氣去抗拒爭辯的時候，事情往往都會有轉機出現。

注意力帶回到當下，會發現所碰到的或所想的問題，只是一種自我投射的行為，去悟到其中帶來深切感受的道理時，給我們的解決之道，將會幫助我們自己脫離眼前的困境，靈魂才有辦法帶領著你往前走，也因為更想要幫助人，所以會更加努力賺錢，充實、維護好自己的人生狀態，這樣才是對的！

但是如果只是為了滿足自己的慾望私利，住豪宅、有名車開，穿金戴銀的，或者全身上下都是用名牌包裝著，那麼我相信你終將不會過得很快樂，因為那個力量相當薄弱，你自己的靈魂絕對不會賜予你的。

所有的人來到世上就要遵循這兩個原則，好命兒漸漸的就會感受什麼叫作無形的力量，以我親身經驗來說，這樣一個力量常驅使自己突破肉體所沒有辦法去做到的極限，但是那一種辛苦和體力的透支，到最後都不會感覺苦，反而完成了以後，是一種開心自在又感恩的感覺，所以各位記得要用你的靈魂生活，才能夠藉由人生種種的不幸，不斷的來強化我們的靈魂，更要記得用自己的靈魂生活，好命兒才能真正感受到什麼是幸福，真正將慈悲的真愛種子散播出去。

要記得，這一世只要把這兩項原則認真用心的進行並且完成，**我們一起走的每一步，就會是輕鬆自在的，人生就在「愛、喜悅、和平」之下圓滿，也就沒有所謂幸與不幸了。**

轉世的人生功課

「一個人的痛點就是你轉世來的功課。」

這句話說得非常貼切，我在諮詢中如果點出**一個人現在所處的困境引來的問題，往往是自己轉世所帶來的重點功課**，並告知解決的方法之後，通常一般人都沒有辦法去面對、接受改變，這時我總是很想打醒他們的腦袋：轉個彎不就成了嗎？真的是恨鐵不成鋼！

前面講得很清楚，靈魂投胎來到肉體，累世修不好的功課，會藉由肉體跟其他靈的肉體互相溝通學習去完成。那麼「悟」就是良藥，是靈魂的語言，但人們往往受到業力的阻撓聽不進去，常常會找遍所有的理由——「老師，這個我沒有辦法做到，可不可以再找別的方法？」

會這樣回答的人，基本上就是一個逃避不負責任的態度，我能夠很確定的告訴你，唯一的途徑就是最佳的方向，繞來繞去其他的方式都是要命的路徑，老師告訴你的，就是轉世來需要做的功課。

想要做到大家常常在說的「改變命運」，就把轉世來的功課，好好地去了解。當受到一些業力的阻撓而找藉口，造就一而再、再而三觸碰你的痛點，時間拖得越久，功課便會加倍的催促，直到你痛不欲生，相對也毀了你的事業、財富和感情，付出的代價越來越大，這是不是得不償失？

為什麼會有人一直處於起起伏伏的狀態，甚至苦一輩子無法再翻身，原因就是沒有修好轉世來的功課。**前世今生最大的魅力，就是可以有前世六道去查閱今世的人生功課**。接下來，我就利用諮詢證實的數據來和大家分享，每一道轉到今世的功課是什麼。

佛道轉世的功課：

第一、他是乘願而來、帶天命的人。

第二、佛心甚重，一切美好，太過於相信人而受騙。

第三、理財無妙方，佛道的人常常破財了別人的慾望。

第四、情緒的轉化能力非常強，也因為這樣會包容，不善溝通，而受盡了親情、感情、朋友的折磨。

仙道轉世來的功課：

第一、仙道轉世來的人，抗壓和定性非常不好。

第二、愛享受，隨心所欲，所以心無大志。

第三、喜歡被人捧在手心疼愛，容易介入桃花是非。

第四、講得多做得少，欠缺動力。

修羅轉世來的功課：

第一、情緒EQ非常差，霸氣、執著。

第二、修羅轉世來的人是天不怕地不怕，容易衝動誤事。

第三、跟別人溝通的方式，不是討論，而是下結論。

第四、修羅的人非常講義氣，永遠都不認輸，永遠都跑第一，付帳第一，管事第一，挺身而出，兩肋插刀，容易公親變事主。

人道轉世來的功課：

第一、過於務實而固執。
第二、斤斤計較，人際關係非常差。
第三、個性自閉，憨直不善柔軟。
第四、喜歡掌控一切，責任背負越來越大，勞碌命。

畜生道轉世來的功課：
第一、佔有慾非常強，是個可怕的情人。
第二、會把別人的付出當作理所當然。
第三、聰明善變，聽不懂人話，應該要多學習接受別人的意見。
第四、我執慎重，易沉溺在感情，所以要修「癡」的習性。

鬼道轉世來的功課：
第一、物質慾非常重，永遠沒有辦法滿足心中的貪念，有了還要再有，好了還要再更好。

第二、很容易受到靈界干擾，所以也是天命之人。

第三、心神不定，沒有辦法定坐在位子上，所以容易操心勞碌，東奔西跑。

第四、要學習主動付出及人格獨立。

若能真正了解每一道來到今世該完成的功課是什麼，並且給自己設下一個目標，在五十歲之前面對的事物都是要修的功課所帶來的衝擊，去學習調整修正它，代表開始學會如何順應自然法則，自己的靈魂才會開心；靈魂開心了，主神就會跟祂合力改變往後的人生道路，真正離苦得樂，幸福自在。

慈悲的指導靈

靈魂投胎前，在靈的世界祂都有一個可以商議、可以合作的對象，可以說專門在監護、引導、指導靈魂，有著像父母那樣般溫暖的愛來關愛、保護，在現今這一世的路程中，也是人生計劃書的總編輯，專門負責幫助你的高我，也就是肉體加靈魂，建立連結來提升內在的力量，再穿越今生的課題時導正你的人生方向，引領你走向更寬廣的人生道路，這個祂，就是我們常說的守護神或者主神。

這個「指導靈」無形無像，所以我也稱之為「無形師」；每個人都有一到三位的指導靈，就像各位如果到廟裡參拜，看到菩薩或諸神佛的法像時會不自覺地感動而淚流，這樣的情境通常稱為「會靈」，其實就是我們遇到了本身的指導靈，就像警察拜關聖帝君，因為關聖帝君的正氣和警察的人生服務是相關性的，所以指導靈選擇跟祂來合作。

祂除了因為我們今生的目標跟意圖相同之外，更重要的是因為愛而來的，來陪伴我們度過重重難關，從旁給我們一些提點來修完我們的人生功課。

當我們還沒有和指導靈連結的時候，有時候可能在一本書上看到了某一段話，會因為這段話而感動；也許開車在高速公路上的時候，原本沒有計畫要開往休息站的、卻突然有某些原因讓你順勢開進休息站休息，其實冥冥之中我們的指導靈都在幫助自己避掉一些難關，祂會透過任何的人事物來吸引你，讓你哭泣被愛而感動，讓你有某些的直覺避過難關，這就是指導靈用愛來陪伴我們。

在我們的人生當中，祂守護著我們，庇佑著我們，當我們能夠好好的跟自己的靈魂達成連結，間接的其實也已經跟自己的指導靈達成連結，三者的合作在這一生當中，就是我們講的天人合一那樣境界，一種更具威力的無形力量，才能夠在每每完成功課的當下，越來越接近所謂的真正圓滿之路。

看見自己存在的價值

生命的誕生一定有他的原因，也一定代表著某些價值，很多人每天汲汲營營追求名利、財富、親情、愛情的包袱，一天過一天卻不知自己在忙碌什麼，到最後還被未來的一切給蒙蔽，每天過著面對沒有安全感的人生，**前世今生依據因果輪迴之道，讓我們有根據地找到扭轉乾坤、改變命運的方法**，進一步更了解真正的真我，定位好 GPS 把方向盤導入正軌。

只要我們有這樣一個正確的觀念認知，這一生當中就不會徬徨不定、恐懼害怕，反而讓我們在今生面對所有一切困境時，猶如老鷹銳利的眼神聚焦目標，因為本身已經很清楚要的是什麼。

無論你現在把這部車開到什麼樣的道路上，或者把這部車撞得凹凹凸凸、破爛不堪，都不要放棄，因為你過去的一切是如何，都是你的靈魂要你正視自己的功課，**所有的苦都是你的靈魂要你翻轉命運的開始**，生命的本質是用自己的靈魂以愛在陪伴我們提升靈性，生命的意義是要我們來完成累世未修完的功課，因為一切都是自己引來的，也就是說所有的一切都是我們自己的事，不要羨慕別人的命運為什麼那麼好，也不要怪自己的命運為何如此坎坷，比較心永遠無法讓自己的靈魂來世脱離輪迴，那麼肉體怎麼有辦法在今世脱離命運的好壞牽絆？

我自己在過去的故事中完成翻轉命運的過程，因為感情債的業報影響，從小不談感情的我，終究還是逃不過這一門功課，有了這樣的家庭婚姻，也曾經是痛苦的經歷，在最無助的時候，卻在皈依法鼓山聖嚴法師門下的那一剎那，看到了真正的慈悲和愛，讓我和自己的指導靈相遇，天命的使然，讓我看到了回家的路，原來遇到婚姻感情的痛楚，都是現在生命美好的開始，我用初衷的愛和奉獻的心，滿懷感恩地走過了一切，命運之神也因此開始眷顧我，從此啟動了幫助人的事業，截至目前，這一生所經歷的苦，都是老天的安排，造就這本書，也是老天希望從一個活生生的例子，讓大家了解自然之道的真理！

讓我們一起，**用最真的心感恩過去的自己，接受所有的業報，遇見真正的自己，記住，一切的發生都是美好的安排！**

Chapter 3

改變，找到最好的自己

每件事情都有特別的禮物要送給你；
由你自己幫助了你自己，
這才是所謂的改運。

你應該拔掉那些爛草莓

想要改變命運，必須先解開固有人生模式的第一步，就是要先看看妨礙你的人生模式裡面的「爛草莓」是什麼，看看自己有哪些過去的習慣、思考已經不合適，重新將信念、思想、情緒做一個調整，**透過觀照**、**覺察來解除綑綁我們的命運模式**，未來才有機會接近我們想要的人生模式。

在理解什麼是口中所講的「爛草莓」前，先來講一個比喻：我們都知道馬戲團有一些專門的特技表演，包含對一些動物的訓練，好比馬戲團裡面養的大象，可能從小就用一條繩子綑綁著牠們，然後將繩子另一頭綁在木桿上面，藉此不讓其逃離，當時大象還小，被繩子綁著了也沒有什麼力氣可以掙脱，久而久之也就習慣了；換個方式説，因為掙脱不開，所以就認定離不開，也就不想再浪費力氣，一直到牠成為一隻大象，明明力氣會隨著成長變得很大，只要輕輕鬆鬆就可以掙脱離開，但是大象還是受制於那條繩子。

每個人心裡深處都有太陽照不到的地方，這些陰影面總是會在不經意的時候出現，影響你、干擾你，甚至重重的給你打擊。**這些深藏在內心深處的「爛草莓」，就是一種長期積累的負面磁場**，從命理的角度來説，這跟前世有關係，過去的因果時間到了，就顯現在日常生活當中，如果任由這樣的「爛草莓」在生命當中來去自如，一次、兩次甚至是無數次，同樣的事件、場景會像迴圈不斷重複上演，長期積累下來的結果，突然有一天踩到地雷引爆了，會在我們的身上、心中留下傷口，對我們產生深刻的影響。這也就是靈魂要帶給我們的訊息，希望人們可以透過進一步的學習與調整，帶來改變後的幸福感！

當你不處理、排除掉這些「爛草莓」，它就會在你鬆散或意氣風發的時候出現，我們無法預知「爛草莓」何時顯現，但是卻可以努力拔除掉這些！**分享給大家自己在家就可以進行的方式，讓我們一起來學習處理這些阻礙在我們靈魂當中的「爛草莓」，將過去在生命當中出現的重重經歷，找出那些人、事、物對我們產生負面陰影的影響。**

一、請用紙筆列出曾經有哪些負面、不好的事情出現在你的生命中：比如，你曾經被人排擠、被人嘲笑、或是受過欺騙等等，請竭盡所能的將這些你認為討厭無比的「爛草莓」列在清單上。

二、利用五個元素來解除綑綁我們命運的模式，分別是**愛、信任、喜樂、勇氣、廉正：**這五個元素可以引導我們回想過去的記憶與經歷，新的命運模式需要一個新的環境讓心靈居住，所以接下來請慢慢找出這五個元素曾經出現在生活當中的點滴，並且寫下來！不要用腦袋想，不要先入為主的認為這些元素沒有發生在自己的生命中，一定有，只是你有沒有在意罷了！寫得越多越好，因為這五個元素會帶著你找出那些曾經對你產生影響的負面事情與情緒，釋放掉那些阻礙我們身心靈的爛草莓。

這些爛草莓會有一定的頻率吸引同樣的事件來到我們身邊，爛草莓的能量會因為潛意識任由這些陰影來去而增強，形成一個大吸鐵，無時無刻地招引更多事情進入生活中，強烈的打擊我們。但藉由這個階段，給好命兒的第一個功課，就是重新建立一個充滿愛、信任、喜悅、勇氣與廉正的全新自己。

真正放下過去人生所有不好的，重新給自己勇氣與拿回自己的力量，在這個過程當中，無非就是要脫離那些綑綁我們許久的枷鎖，呈現一個讓宇宙偉大能量流向你的心靈通道！這一道光將會因為你現在開始的自我觀照、觀察，逐漸讓陰影退去並且消融。

「過去過不去，放下放不下」，如果這樣子不就沒有辦法往前走了嗎？如果你還有心力與時間繼續浪費在餵養這些「爛草莓」上，真的會沒有辦法真正邁向全新的人生，所以務必用更負責任的態度，然後發現原來自己在這方面真正該學習的是什麼、真正應該承擔的是什麼？

生命當中有太多太多的時刻，都是因為我們經歷的不完美，才能觀察與了解靈魂，真正要帶給我們的訊息及答案就藏在其中，這一段功課相當重要，唯有真正拔除內心的爛草莓，才能真正有效解除綑綁命運發展的因素！

改變情緒好運跟著來

情緒會決定你的好運等級，很多人來找我進一步的諮詢時，或者是看到youtube、分享的文章就會變得開心，認同所講述的內容，如醍醐灌頂般一下子就天晴氣朗了；但也有些人老是重複述說過去種種不好，抱怨自己過得非常歹命不快樂，希望老師發揮無比的神奇力量來幫助他，其實老師跟大家同樣都是平凡人，人生中同樣會有不開心的事情發生，也曾經抱怨過生長的家庭環境，對自己的另外一半有所怨懟，對身邊的人種種不滿意，負面到你想都想不到的情境！

但是自己開不開心與否都是自己的事情，一個好吃的東西會讓自己變得快樂、一段話會讓自己有所頓悟、一件事情會讓自己心存感激，但也有可能因為別人的一句話而影響心情，讓自己不開心，因為你認為別人沒有顧及你的感受，讓你沒有面子而生氣，因為周邊的人都沒有順應自己的意思去做事，非要用一副老大爺或是武則天的樣子，向外去與他人做出抵抗，然後轉身再表現出一副委屈受欺負的樣子，種種的生活面貌，你都是拿什麼樣子去過你的生活？

如果按照這樣的比擬，你還是這樣的選擇方向，命運不就正落入了被他人遙控、受現實生活的限制了嗎？也就是一直牽引前世業力來摧毀自己。

曾經看過《當下的力量》這一本書，作者提到一段話：生活應該是永遠的美好，只不過生活當中有一些情境會讓我們失望、痛苦……

為什麼生活是美好的？因為它就是如實地存在著，不會因為我們的批判、論斷而有所改變。所以，親愛的好命兒，你是不是該為自己的情緒去負起責任？

或許看到這裡，你會想要問，可是他老是招惹我生氣，老是愛亂花錢都不為家人著想，老是不尊重我是他先生（或太太），都不給我面子，我怎麼可能不會有情緒？

難道千錯萬錯，都是別人的錯？親愛的好命兒，再次的呼喚我最愛的好命兒，要知道與我們最親近的人，**你身邊最重要、最在乎的人，其實都是我們的人生導師，他們都是老天派來的天使，也是你前世拜託來此世指引你的人**，讓我們一次次的去體悟發覺其中的端倪，他們都是我們人生當中的另外一面鏡子，是那面我們最不想看到的自己的深層模樣，他們派來的所有功課，透過人的傳遞，無非是要去攪動這一缸子的情緒，經過無數次的翻攪，加入不同的生活調味料，是要讓我們看看自己能不能有勇氣面對藏在底層的功課，有沒有以一種願意承擔、開闊心胸去面對接受這些自己輪迴轉世而來要重新修練的地方，對於惹惱你自己生氣、不舒服的事情，有沒有用健康的心智與謙卑的心去看待，而不是內心乘以更多無止盡的咒罵來加強這些不好的事情繼續發生在生活周遭！

你也許會再度對我所說的抗辯，但還是希望你全盤接受我的講述，因為就像小孩在學習走路前要先經歷過爬行、跌撞，也許看到這裡，你的心中還是想說自己從頭到尾都是受害者，但我可以直接明白地告訴你，是你讓自己變成生活當中這樣的角色，是你心甘情願去擔任的，你從未真正去體現內在的自己，實際上是不願意去承擔所有的一切，所以要是發生好事，你會用一些浮誇的方式去描述，壞的事情你就認為都是來添麻煩的，結果弄得自己隨時都要強裝正面積極，好似是一個非常有能量的玻璃娃娃，經不起隨意的碰觸，因為很容易碎裂！

若當你開始意識到情緒的重要影響力，你就不會落入不必要的思考模式，就不容易在這個二元對立的世界中迷失自己，必須不斷地在物質的世界中定義自己的價值、命運，其實也是一種選擇，來構成你成為的人生呈現狀態，要決定你自己想要擁有多少好運，在於你的內心是否寧靜平安。

開悟最大障礙

人最大的痛苦來源來自於我們的心智，也就是喜歡用大腦想，用感受在調味、用情緒來烹煮你的人生大菜，比方說，有位來諮詢的人妻不斷跟我描述，先生對她有多麼不好，用很多很多的事情來解釋那個人對她有多差勁，不斷數落先生，一再反覆說著他讓她過得多不好的負面話語，甚至還拿自己認為的好丈夫與自己的先生比較；我靜靜看著這位太太批判的臉，從他們夫妻的前世關係來看，是這位太太上輩子對現在的先生苛刻，所以不難看出這一世就是老天要給她自己體現的功課。

我反問了這位太太，妳先生真的一無可取嗎？如果真的一無可取，妳還能夠跟他生活在一起幾十年，那妳自己又是什麼？她才啞口無言！

生活中製造的所有苦痛都是來自於我們這個腦，受苦的元凶就是我們的身體與靈魂分離了，這裡的分離不是指死亡，而是離你真正的自己越來越遠，遠到你與靈魂已經背道而馳了！絕大部分的人都是用大腦來擬真演出一個虛幻的自己，認為自己的身分地位應該是如何，認為需要不斷的用物質來鞏固好那道城牆，種種應用大腦來巧思安排之下創建覺得滿意無比的「我」，不停的在外在環境去追尋那份虛幻的認同，結果只有自己才真的明白，內在有無限的空虛疏離感，也就是你與你的靈魂越來越遠的一種辨認方式。

在講述這一篇時，我刻意的先以這樣的小例子做了開場，無非就是要跟大家分享，真正的開悟無止境，每一段事件的發生都有助於我們，不要認為現在只要多聽一些能量演講或是多看了一些書，就是永久開悟了；如同我們求學的階段會有很多不同的時期，期間會透過考試來決定未來的學校，或是衣服穿舊了、破損了，就要淘汰換新，同樣的意思，不斷的讓自己一層層的蛻變，所謂開悟也僅是一種自然而然的狀態呈現，一種讓人覺得身心靈合一的概念。

在這裡我用一段引述與好命兒來分享，「我們都在追求生命的意義，但這不是我所認為應該真正追尋的，我們應該追尋的，是一種活著的體驗，如此我們才能夠感覺到活著的喜悅。」

也就是說，想要開悟，不是一定要透過什麼樣的儀式把你改變，變出一個完美人生，而是在當下珍惜眼前，去感受生命當中發生的每一件事情、遇見每一個人的喜悅，有了這樣的態度後，你選擇哪種態度去面對任何一種狀況，開悟就成為你受苦痛的終結。

接下來第二項功課，請你找一件可以使自己內在寧靜與喜悅的事件，比方聽音樂、慢跑等，透過這樣的持續習慣，漸漸地，外在的人事物會撼動不了你。這部分之所以在這篇結束前提到，一定有它的重要性，因為生活中有著寧靜與喜悅伴隨，當面對任何考驗的事情時，它們就會像是陽光般映照著你，讓你不再受到黑暗侵襲，為你療癒所有傷痛，再過兩、三個月，你一定會看見自己的生活出現了變化，身邊的人也將會感受到你的改變，所以不要心急，不是看完老師的分享就應該改變了，開悟也是需要一個過程的，這一套是功夫，不是一朝一夕可以練就完成的。

修練世間課題

我每天所面對的族群，我想應該是最常匯集所有苦痛的集中區，無論是否來面對老師，或是參與某個宗教團體，一定是對生命有著無限的無力感，或生活中充滿了變化萬千到難以接受的事情，積累了抱怨、負面的能量，無論你做了什麼，結果只是越來越無力——這都是因為自己本身沒有真正回到自己，面對萬事萬物，你都得往內觀看自己！

因為你的無力感或遭逢的困難，都是跟隨你的輪迴轉世來到今生，每一件事情都有它的正面意義在，不管對你來説是好或是壞，例如面臨婚姻的挫敗，或舉凡日常發生的種種狀況，均有它的正面意義，上天的本質是由愛與慈悲環顧著我們，我們必須要知道每一段生命都有它來到的意義，所以無論遇到什麼困難，只是給我們的一個學習機會與考驗課題，目的就是希望能夠透過內我，找到與靈魂合作的方式。

每一個經驗都是你的靈魂輪迴到此世的精心設計安排，所以靈魂並沒有對錯的對立觀念，只有要你自己親身來經驗，經驗苦痛、經驗失敗、經驗快樂、經驗滿足等等，透過這一些經驗，你就會開始了解到自己，千變萬化中的種種可能裡，去選擇了現在的自己。

當你了解到原來要接近的內我本質，以及在這段生命旅途當中扮演的角色是什麼，你就不會老是將責任往外丟，要別人幫你扛、幫你解決，會了悟到所謂真正的內在信念訊息是什麼?有句老話說「一切都是最好的安排」，假設這個所謂「最好」的設定是已經安排好的，但又關係著所有好壞結果，倒不如換成另外一種方式表述：「生活中所發生的每一件事或遇見的人，都有上天安排的道理在」，這樣的說法或許會比較容易被接受吧！

講一個真實的故事，某一天Line突然跳出一個訊息：「為什麼要去扭曲我講的話？我根本沒有這樣的意思，我好生氣！」，原來這是一位好命兒，因為公司有活動，身為講師的先生，被公司安排了一場大型的銷講，不過事出突然他的媽媽身體不適，實在沒有辦法必須要臨時更換另外一位去替代，這對於他先生來說有些無奈，只能選擇一邊，由於太太正在國外出差，也沒有辦法立即趕回來協助幫忙，當他接到先生的Line通知時，這位太太回了一句「一切都是最好的安排」，她先生抓狂了，對她發飆並且怒斥她是不是認為他沒有辦法擔當五百多人的銷講活動，當下無論她如何解釋，她先生就是聽不下去，弄得雙方都不開心。

看了她描述過程給我聽後，我告訴她這是她的問題，因為她沒有善盡表達的意思，亂用一些佳句，硬生生套用在這樣的情況，是正常人都會翻臉！她一時沒有會意過來，我再稍加解釋後她就明白了，我告訴她，生活中發生的狀況是不是有一套邏輯？是好或是壞，都不是用大腦想的就會知道，在生活中有它運行的道理，一切都是最好的安排是一種修行，因為它需要自己面對內在真我的情緒與感受，不但要了解最好的安排是什麼？同時更要去親手揭開在這些事件的背後，有著我們必須學習與發覺要帶給我們的道理是什麼？在事件與心靈上的碰撞後，看看有沒有找到這些最好的安排！

這世間的課題修練，是你的靈魂給予你的最好安排，在你身上發生的每一件事情，打從你出生就已經開始，要不然你怎麼會投身在這個家庭，而不是別的家庭？為何你會做這項工作？為何會與另外一個素不相識的人結婚組成家庭，還有了小孩？要修練的世間課題，不用往外找尋，不用跋山涉水，不用捨近求遠，一切最好的安排都在你身上，你必須對於發生在生活當中的所有點點滴滴，去找出事件與要傳達給你的訊息有什麼關聯，如此你才會明白，每件事情都有特別的禮物要送給你！

透過這樣的引導，由你自己幫助了你自己，這才是所謂的改運，但如果面對世間課題，很多事情只做表面，不是真的想改變，你還是會被自己設下的最好安排和命運的枷鎖給綑綁住，在人世間不斷地在問題的迴圈上面奔跑，一直到你願意停下來，也就是直到你覺悟了這個課題要帶給你的道理。現在對於一切都是最好的安排，有沒有更進一步的認識，在事情來臨的那一刻，你是否還會想起這一句話？**如果你有想起來，將足以讓你的靈魂帶領你轉出生命的迴圈！**

聆聽內在聲音
連結最高力量

在過去青春年華的歲月中，我也曾經有過痛苦的日子，雖然眼前有個幸福的家庭，先生又是公職人員，自己也擁有自己的事業，在同輩當中算是還不錯的生活，但靈魂為了怕我忘記回家的路，在我的人生當中精心安排了一段不小的波瀾，事業、健康、家庭等等接連而來的事件，就是要把我逼到牆角去，讓我無處可躲！當時我很不開心也很挫折，我怎麼會如此失敗？我不斷追問自己究竟是為什麼？只能不斷的開始往內心去找尋。

直到有一天，我像是被電到一般開竅了，我與自己對話，我跟自己說我其實可以改變我的內在想法與磁場，才有辦法讓我的外在變得更好，當內在改變的同時，外在環境不得不隨之改變，現在大家所看到的我，就是最佳見證，你所經歷的我也有可能跟你同樣的遭遇過，既然我可以做到，相信你也一定可以，因為你我之間並沒有不同。

但是要怎麼做才能聆聽到內在的聲音？其實我們每一個人都有這樣的能力，只不過受到外在世界的制約，無法去辨識出來這些來自於內在靈魂跟我們的對話訊息，如果你有機緣看到此書，閱讀裡面的所有文章，不是出於偶然而是一種緣分，表示你的靈魂要帶你走這趟旅程，這一趟旅程是要讓你回歸本心，找到真我。

可是光看書真的就能夠找到真正的內我嗎？當然是不可能啊！所以接下來第三段的功課，請你每天要在睡前給自己保留一小段獨處時光，將你心中所發出的任何訊息給寫下來，不管寫什麼內容，總之就是寫下任何的訊息，這當中或許會有一些比較帶情緒的字眼，或許你也有可能寫下充滿感性讓你又哭又笑的字句，那都不要緊，我只是要告訴你，就是寫下來，允許你自己信任這份聲音的如實存在，不用去想寫來的這些字句合不合邏輯或是有無意義。

當我們學會以這種方法來看待生活的各種課題後，也就很容易能找到你今生真正的目的，書寫下來的文字背後，都將會成為我們對於經驗自己內在覺察的訓練。在《中庸》當中有一篇提到「天命謂之性，率性謂之道」，聆聽內在的聲音，是上天安置靈魂在我們這個軀殼當中所發出的聲音。當我們能夠聽見它，並且跟著它走，透過這樣的體會，透過文字的紀錄來看清楚、想明白而順著這些聲音走，也就是手、眼、心到，會明白所發生的一切都是最好的安排，也是最豐盛的生命禮物。

透過你願意聆聽自己內在聲音的那一刻開始後，原本會對於外界給予的看法或批判有所動搖，讓你自己養成過分依賴他人，甚至是認為自己是因為自己的無能所以對命運感到無力去改變，你別忘了每個人來到這個世間都是一個獨立的個體，誰也沒有辦法去控制誰，你會感到無力完全是因為你將你的力量交出去了，沒有人能夠去傷害你，除非你允許對方這樣做，沒有人能夠替你決定些什麼，除非你允許對方這樣做，沒有人可以左右你所選擇的人生，除非是你允許對方這樣做！

在這裡所提及連結最高的力量，不是神的力量，而是原原本本上天就賦予給我們與生俱來的最高力量，這一份力量就是愛，**回到你最**

真的內心覺察，才會無所畏懼，知道沒有什麼事情或人可以真正傷害到你自己，在內在合一的那一份愛包圍下，將會有一道源頭光芒是神聖的，將無限的愛、平安、喜悅安置於心。

接納當下
創造顯化

除了「當下」沒有其他，當下也等於現在，過去或者是未來不會是跟現在的一樣真實，過去決定了我們的現在，未來則是定義在我們現在能夠採取哪些作為，截至目前為止你所經歷的一切，做過哪些事情，感受過那些情緒，都是因為在曾經的「當下」發生。

而對你自己來說，「當下」的意義是什麼呢？有一句話常常聽到，人要活在當下，並要懂得知足感恩，如何真正活在「當下」呢？真正的活在當下，是自己能接受自己在每一個時期的狀態，不有所抗拒，輕鬆自在活在當下，而不是用方法促使自己開心，是發自內心的充實感，一種心的帶領，這個心並不是用大腦去思考設定出來的，是你的靈魂在你的身上，告訴你、引導你無論處在哪種狀況下，統統都是接受所有顯化眼前實像。

當你自己接納包容了當下所有發生，不浪費力氣做抵抗時，事情往往都有逆轉的情況出現，會驚喜看到醜陋的包裝紙底下原來包覆著一個很棒的禮物，當你不再用負面的能量聚焦在發生的事物上，試圖想用抗爭的手段讓它離開，只會白費工，反倒是增強其影響力，所以當你願意面對當下事件，覺察到自己的思想與情緒時，透過呼吸可以輕易來轉移、幫助自己脫離眼前的困境，把注意力帶回到當下。

注意自己的呼吸，專注在這一呼一吸之間的頻率時，關照到自己的思想，讓事件透過當下的信念與想法轉變產生最理想的結果，上天要賜給我們的禮物，往往會偽裝成各種問題來到我們的生活當中，只要你願意回到「當下」觀照出自己的念頭，看到了自己本身偏執的信念，才會有機會去發現在自己身上潛藏起來的原始力量，也就是內在的靈魂力量，**因為靈魂可以幫助自己心想事成，但要先學會喚醒它，讓它願意幫助你，靈魂與肉體合一，共同實現好命人生的態度**，這份無上力量將會推動著你。

改變命運，是在每個「當下」是可以重新開始的，重點不在能不能開始，或從何時開始，而是能不能放掉過去。任何放不下的過去，代表著自己的執著，講到這裡是不是想到身邊有許多親人或是朋友，都常常在講述過去的種種，不管是好事或是壞事，都像個播放器一樣重複著，**「當下」是能量與物質的交會處，「當下」是人性與神性的交會處，「當下」是靈魂與肉體的交會處**，當你漸漸的體會到「當下」

的意義，菩薩要給你的豐盛、智慧都在「當下」的生活中給你，自然你就不覺得匱乏了。

從你所在之處進入到了當下，在這天地之間萬事萬物的頻率振動下，會互相影響，從你的思想出發到情緒、付出行動最後得到的結果。這就是自我創造顯化的重要關鍵。從這延伸下可以施展將無形顯化為有形的過程，也就是所謂的心想事成，要達到此目標還有幾個步驟，在以下細分說明。

- **夢想、期望情境，一個對你來說是透過觀想所產生的圖景畫面。**
- **期望能實現的能量，內心伴隨著一股強大的能量，一種強烈的情緒，就是非常強烈的意願想要獲得的事物。**

● 信念，完全交付給你的內我，也就是靈魂，知道祂會帶領你將期望事件顯化於生活中。

● 接納，全然接納新的信念為真實，全然接納你自己，全然接納那些新的定義和信念，那些新的定義和信念會使顯化成為可能。

● 意識，有著必須、一定要將期望事件顯化出來，聚焦自己顯意識的意向，聚焦內我的決心。

● 行動，將以上所提及的夢想、期望情境↓期望能實現的能量↓信念↓接納↓意識，導入你的實際行動之中。你的行為與身體語言，它們代表了你現在聚焦的這個實現狀態，真正相信你能夠做到什麼，真正相信當下你會是什麼狀態呈現的。

●容許，當你建立了上述的步驟，你已經完全接納了顯化對於你是真實的，你聚焦在你的意向，將它們反映在自己實際的行動中。最後這個步驟就是容許，你完完全全容許顯化事物在你的生命當中，而不是祈求、期望，你容許靈魂帶著你運作轉變，沒有任何的條件。

面對你想要的事物，絕對要有強烈的意願，與絕對的不期望它必須顯現，但容許它實現，以顯化毫不費力地呈現出任何事物。

看到這裡，你也別以為只要按照上面這幾個步驟，就像是擁有阿拉丁神燈般，就可以立即達到的，要知道我們回歸最基本的道理，要先與你自己的靈魂搭起能量的交流，當你能確實明白，所有顯化細節都會自動就緒，阻礙也會降低甚至是被排除在外，對所有相關事物將會以最好的安排的方式顯化在你的生命當中。你不必管它將如何顯化，只要增強你的意念，然後就只是全然放手，不期望，不設限，只要你容許，完全地容許它的實現。

所以，當每一個個案在進行諮詢時，除了給予正面能量之外，我還會透過擺陣佈局的方式，帶領個案的有形、無形的磁場調動，在當下擺陣同時，發出強烈的意念觀想最後的情境畫面，往往有無數經過這樣子的改變成功的故事發生。

臣服的意義

人生所經歷的苦，或是不斷重複出現的情況，想著人定勝天的義理，多數人都自以為可以操控，任由喜好做出選擇，但實際上卻是被命運的齒輪帶著走牽動著，身不由己到最後就是對命運的無力感，當因果遇上的時間機緣，就是你與你的業力，也就是功課來了，老天要做驗收檢視了！

面對不同的事情發生，先不要急著抗拒，因為凡是抗拒的事情，它的能量都會因為你的抗拒而加強，反倒是變成一個強力大吸鐵，吸引招惹更多的事件進行到你的生活中，在這當中要放下任何的支配或控制，這些行為不會對你有所幫助，而是要學習運用臣服，臣服不是消極的態度，而是要先看見自己想抗拒的事情是什麼？生活中的經歷是給我們有所體悟與學習的機會，只要你先要能接受它、面對它，活在當下臣服所有已經發生的事件，如果不是因為你自己的靈魂精心安排，這個事件並不會發生，好比是有這個緣分，機緣到我能夠分享我的經歷給大家參考，而你會選擇這本書來閱讀，也是靈魂的精心安排，它知道你正需要這樣的引導，因為它知道你將會有更上一層的蛻變契機，只待你好好的內化運用出來。

還是要再次強調，臣服不是消極的意思，也不是要你接受失敗、苦痛或退縮，臣服也不是要你無所作為，不是要你什麼都不做，臣服是一種很有意思的智慧表徵，臣服是要我們經歷這一刻，也就是好好享受體會當下，放下對於事件的所有抗拒，抗拒只是浪費氣力白忙一場，在逆境中更需要學會臣服，才能夠去化解你原來因為抗拒所產生的痛苦、難過。

臣服，是一種自然而然的狀態，不是要你說：「好吧！這就是我的命，隨便它吧！」，不是要你認命，也不是要你欺騙自己假裝一切睡一覺起來明天就會改變轉好，烏雲退散，臣服是要讓你真正從內心去覺察，當下的那一刻，不對它施以抗拒，不對它評判，問問自己能夠採取哪些行動？能做什麼來改變它？如此負面的情緒與能量將不在你的身心停留，接下來所採取的行動辦法，會是相當有能量的，讓你與你的靈魂做出最好的連結，注入了前面所提的五個元素（愛、信任、喜樂、勇氣、廉正），全神貫注的在這個想要改變的事件上，在你的意識之光照耀下，烏雲才會真正的退散。

但臣服不容易一次做到位，生活中還是會出現無數次可以讓你學習到這個臣服的境界，既然當下已經是存在的事件，先接納它的發生，再採取必要的行動，第一次做不到沒關係，記住不要先自我貼標籤，給自己設限了，想想前面所講的馬戲團大象的故事，人們就是因為慣性地去有所抗拒，是你自己製造出令你痛苦的情境，臣服於你現在的難過、恐懼、失望、任一種你覺得讓你不舒服的形式，**做一個旁觀者，看著它但不要去貼上標籤設限，你將會看到原本最深的苦痛，轉變成一股最有能量的光體**。

為什麼要改變

我們因為成長、經歷並相信因果，了解今生課題，而接觸前世今生，不是要探究你過去曾經是那些人物的代表，而是為了要幫助你在遇見困難與挫折時，從中調整步伐與學習，進而改變自我。**人生中有許多在你投胎到這一世前，由你自己的靈魂精心安排而選修的課程，**在這當中也會安排無數個失控的事件發生，唯一目的就是要我們回來認識自己、認識那個真正的內我，找回生命最大的價值。

但絕大部分的時間，我們還是運用大腦在思考判斷所有，沒有真正往內在走去，沒有多多去探索，停留在自我層面，這些自我層面就包含了自我恐懼、自我控制、原有的慣性，自我認為是受害者，自我不想改變只希望別人改變。想要改變命運這件事情，是很多人想要的，但為何你想要改變命運？因為對現況不滿意，對於現在這個身分不滿意，可是有沒有想過，為何此時此刻我們會以這樣的姿態面貌站在你自己的人生舞台上面？先放下自我，但放下自我不是代表放棄、隨波逐流，而是你要創造出新的局面、讓命運有新的轉變等，就是要先了解什麼是無我。

無我，意謂著把自我放到一邊去，拿掉那些自我的限制；無我，也真正能夠回歸到內我意識，與靈魂交會，從前面開始分享傾聽內在的聲音開始，由你的內心帶領著，透過**愛**、**信任**、**喜樂**、**勇氣**、**廉正**這五個元素，才會真正開始不再是用自我的認知與執著過你的人生，當你進行到你自己的內心，與你的靈魂交會，你會發現生命中的過程是一個對自己很好的訓練機會，會很開心，並且覺得幸運可以來到這個人間，原來每一天睜開眼睛的開始都是值得我們珍惜的，開啟這樣一個完全不一樣的思考方式，用著雀躍的心，你才會真正運用自己的力量創造你想要的格局。

你的人生，你的未來一切，都是可以運用新的信念來創造，當你把這一些思想如實地運用在生活中每一處，你將會更能夠去體會內心智慧，新的一個局面會實現在你眼前，因為生活中發生的每一件事情，無一不是你的內心所顯化的，縱使你認為只是在心中咒罵了對方一兩句，都已經產生了力量去強化，或許現在的你暫時還不知道、體會不出來這些，一切不要急躁，凡事要按部就班，先在你的腦海中、你的內心先植入觀念，包括透過前世今生的諮詢，輪迴轉世帶來修練功課的訊息，包含這一生到目前為止所有生活中的經歷與經驗，借外觀內，由你的心出發，多多在內在下功夫，學無止盡，如同我現在還是與大家相同，要在自己的內在下足功夫，與大家一起學習，讓自己有著不同新層面的領悟，讓自我能夠更加順利連結靈魂，找回並擁有自己的力量，才會有機會過著脫胎換骨的全然新生活。

所以平時就要多加練習往內觀，給予五大元素的支持（愛、信任、喜樂、勇氣、廉正），用內在的力量療癒自己、保護自己。**心靈是身體的主人**，漸漸的找到內我的寧靜與喜悅，感受到自己身體的每一個細胞都有這樣的能量在流竄著，**當你再度面臨困難或阻礙時，就是要我們持續的學習，不會再把苦痛的能量放在自己的身體裡，任由它發揮形成一個負面的能量場域**。

在當下的每個選擇當中，我們將無所懼怕，能做出最好的選擇，並且深信靈魂的恩寵在其中，會因為我們的態度成為助力，吸引好事發生。

Chapter 4

用心感受，才能事半功倍

看看過往的足跡，
或許下一個選擇，
會幫你從此展開一個不一樣的人生。

己所不欲 勿施於人

執著於某個人某個樣子，或者是你自己的個人願望清單，那就是在為難整個天地，也真正的為難你自己，設限了許多的屏障，這些屏障都是你親手設下的，也因為現在的自己去造就了未來你的模樣。

在「我」為出發點的情況下，讓事事都以此為出發，為滿足個人的願望清單當中，必然會在人與人之間產生出許許多多的喜愛、怨厭……要他人全盤無條件的概括承受，在「我」的系統保護下，產生了更多的對立與衝突，只要是覺得不合乎自己所想的、所要的，什麼都可以卯起來做。

在我諮詢過的故事中，很多都是現實人生中的生活回饋，舉一個例子：曾經有位媽媽為了他的孩子前來諮詢，他強烈的懷疑他的小孩有冤親債主在干擾，所以學業成績近來很差，一問之下是有兩科沒有考滿分，一科是數學98分，一科是物理化學99分。如果你的小孩是這樣的成績，你會覺得如何？我想問十個人應該有九個半說「已經很棒了」，另外半個應該不是人！我好說歹說，費盡口舌地跟這位母親說她的孩子沒有問題，勸媽媽要對自己放鬆一點，因為這樣子的緊繃狀態，對親子關係存著很大的危機，但媽媽怎麼勸也勸不聽，還是執著於他希望孩子呈現的狀態！過了三個月，父母一起來找我，同樣的問題還是在上演，父母說以往學校的比賽一定都是冠軍，劍道、圍棋都是第一名，但現在都掉下來了，老師都說他不專心，一定有冤親債主在干擾他，畢竟抓週時他是拿聽筒的，從小到大成績都表現很好，以後可是要當醫生的，現在可不能出差錯啊！我看著這對抓狂的父母，好聲勸說，希望他們別再這樣苦苦相逼，尤其是這樣已經很不錯的孩子，但沒有用。結果幾個月後，看到新聞報導一名學生早上出門與父母道再見，隨即從樓頂一躍而下，輕率的結束短暫的青春，當下心頭緊揪，莫名的難過。

新聞的主角就是這個孩子，他的父母在送走孩子後，再度來找我，懊悔地說如果不是因為自己的自尊心與面子作祟，如果當時能聽得進我說的，今天也不會如此。

再舉一個故事，有一對夫妻結婚十多年，過去先生因為長時間在大陸經營事業，所以太太幾乎是獨自留在台灣照顧父母與孩子，家中所有開銷只能依靠先生來支持，每個月所能夠拿到的家用都是固定的，有時候想幫孩子添購衣服或是買個東西孝敬父母，都會被先生罵說不知省吃儉用，一定是她自己愛亂買東西找理由，當然錢還是拿不到。有一次先生回來台灣過節，孩子半夜發高燒，夫妻倆一起帶孩子去醫院掛急診，因為太太急著出門沒有帶錢包，要請先生付錢，先生卻在櫃台前拿出鈔票往她身上丟。每每提到錢的事情，總是要看另一半的臉色。還好這位太太夠堅強，她以前是英文老師，所以就開始在自家社區從事英文家教的工作，因為很用心，深獲許多家長推薦，而有了一點小規模。好景不常，原本趾高氣昂的先生，在一次會議上突然倒下中風了，只能結束事業回到台灣，成為半身不遂的病人，物換星移，現在家中經濟大權掌握在太太手中，工作完回家之後看到中風的先生，兩個人還是照舊相互折磨，先生竭盡所有氣力大吼亂叫，甚至想盡辦法破壞家中物品，太太更是覺得身心都有壓力，在心裡不斷詛咒先生最好早點死去。

看到這兩個故事，有沒有覺得很可怕?這些都是最真實的故事，說道理大家都懂，但真的靜下心來想一想，回想看看自己有沒有己所不欲而施於人？我們想要的東西，最終可能變成我們想像不到的痛苦，你自己的願望清單，卻要別人來替你完成，成為你的掌中偶；或者是因為父母或他人對待我們的行為或是態度，在深層的內心便植下了陰影，造成「我也要這樣對待其他人」的心態？

此刻的你，請放下書，找張紙與筆，寫下你最不喜歡的事情或者是感覺，甚至是討厭別人對你的行為態度，接著，務必請你誠實的面對你寫下的文字，問問自己，這些在生活中有哪些已經變成你的模樣了，而且你還用同樣的方式來對待別人！

記住，唯有真正的檢視你自己，才能夠讓自己的未來開闊，不用擔心，這些文字不用跟別人交代，別人也不會看到你寫的，只有你與你的內在知道！

減速
重新檢視
你的人生

一匙鹽，倒進水杯裡，喝上一口，很鹹，但若倒進一個大水缸中，卻很淡；人生說到底，都必須要靠自己，天冷了，要懂得穿衣，生病了，要去看醫生，餓了，要填飽五臟六腑，感覺委曲，就狠狠的大哭一場，老天爺所創造的人，有感覺、有溫度、有情緒、可以行動、可以說話，種種一切就是要體會生活，這一輩子，不要太對不起自己，要先學會做個快樂的自己，珍惜並活在當下。

我認識一個女孩，這個女孩很早就到大城市去工作，一離家轉眼已經十年了，也都只有在放假的時候回家看看父母，因為家中歷代都是務農為主，從小除了上學，其他的時間都必須拿來幫忙家中的農務，好不容易出了社會，找了份能夠離家遠一點的工作，對於她來說也算是另外一種解脫。雖然每年在某些時節當中，她還是會被叫回家去幫忙，但跟小時候相比已經好很多了。但在幾年前，她的身體經過檢查有些狀況，雖然還不至於影響性命安全，但這個症狀卻也帶給生活一些麻煩，她來找我諮詢，我告訴她這個與因果無關，但是要好就必須要回家鄉，除了在轉世到此世所發願的事情要去進行之外，她也必須要回到家裡，完成她的既定功課。聽到這番說明的當下，她覺得很訝異並有些為難，原因是她已經習慣這樣的生活，如果辭去現在的工作回到家鄉，肯定要過以前那樣的生活，心中於是產生了抗拒。我告訴她不急，回去總也要有一份工作，先找到工作後再回去即可，她才好不容易面露一點笑容。

就這樣，大約又拖了快兩年，她辭去先前的工作回到家鄉，她回去前，我們約了見面，我提醒她未來要去作調整的那些方面，很多事情都要在當下面對與處理。幾個月後，有天她情緒低落的來留言，與她聯繫上後，她告訴我，回家之後的這段時間，每天除了自己的工作之外，下了班回到家還是要投入家裡的農務幫忙，假日更是不用說了，每天都是忙到晚上十點多才能有自己的時間，隔天早上又必須五點多就出門搭車，她說她很累，最近又發現身體有一些情況，檢查之下又疑似一些病症的發生，我聽到她講述的這些，心中其實有萬般的不捨與疼惜，但也知道其中的一些原因，我跟她說從一開始她的身體狀況就沒有所謂的因果影響，她必須再次的認真面對自己，心中本已存在一些抗拒，所以原本的狀況時不時地就會出現疼痛，是因為什麼？因為在她的潛意識當中已經開始做好逃避的提醒了，只是她的人並不知道，而現在身體出現醫生檢查出的情況，不是不聽從專業醫生的診斷，而是靈魂在提醒她一些訊息，靈魂唯有透過她對於自己健康的關注，才能夠讓她警醒，回家去如何幫？怎麼幫？這個沒有一定的方式，光這一段的功課修練就無法去修正，也不用再談論其他的事情，對於人事物的不捨，認為自己可以一肩扛的情況下，是用勞力在換取，並不是真正的幫助家人，放下也不代表她與家人之間要算得清楚，而是從根本開始就對自己不愛惜。

聽完我這番話，她在電話那一頭忍不住啜泣，她告訴我她知道對於「情」這個字她必須要去修練，尤其是關於親情方面，不是只有一味的付出就可以的，很多事情必須全家合心齊力才能夠度過。

我回應她：「沒錯，這些道理妳都很清楚，但如何做還是必須先從自己開始，首先，妳的靈魂已經知道妳亂了方寸，為了要提醒妳，所以才從妳非常注意的健康給妳警訊；然後，心、靈的磁場一定會影響到身體，身體的任何不舒服、疼痛與病症，都與我們的能量磁場相關。此刻，唯有先想一下能夠為自己做些什麼，什麼才是你必須為自己努力、為自己付出的，如此才有機會好好去體悟什麼是該面對的、如何解決，現在這樣不斷的去做不是全錯，但氣力用錯方向，最後反倒是自己被負面能量侵襲與影響。」

講完這一段故事，不知道你可有想法或者感觸？生命中每個階段都會有不一樣的人生體驗，而這些人生經驗的累積，會讓你在多年後遇到同樣一件事情，也就是說遇人不淑的人或在感情上受傷的人，往往都是同一種過程與結果讓你經歷，想想是不是有哪些事情不斷的在你的生命中重複上演著，你很討厭這樣的劇本演出，可是往往卻一直強迫著你參與其中演出？

當你下次又遇到時，或現在，就可以放慢你的腳步、速度，看看過往的足跡，**或許下一個選擇，會幫你從此展開一個不一樣的人生。**

所有問題都是角度問題

現在3C手機之便捷，搭配上許多APP軟體的使用，做任何事情都很喜歡用拍照記錄下來，並傳上FB、IG、LINE等，告知所有人你當下的心情紀錄。

不知道你可曾有這個經驗，自拍上傳後若有人在你的發文底下留言「最近變胖囉！」、「是不是變瘦了？」，你可能會忍不住回應說：「那都是角度問題！」

曾經在網路上看到一部分享的影片，這部影片一開始先出現一個相當霸氣的老闆娘，從坐上自己的私家車後，對於隨車的人就一陣數落，後來車子駛到一個市集門口，老闆娘下車之後進入菜市場，大聲的說要來收租金，看到裡面的攤販又是一陣的叨唸，原來這是一部被民眾側錄的影片，不但在網路上散播，而且還給這個影片下了一個很不堪的標題，網民更是群體宣揚要抵制這個老闆娘，幫小攤販發聲以聲張正義，因為這樣人云亦云的效應，結果這個市集反而完全沒有生意。但實際上的真相是，這個老闆娘其實是一個好人，市集裡面的攤販都是她幫助的對象，但幫助歸幫助，她也希望這群在社會上辛苦賺錢的人能夠踏實努力地工作，這樣所賺取的錢才是最甜美的，於是她也親力親為地管理，如果環境髒亂她就罵人，如果做生意想騙客人的人也會被勸阻，卻因為不知情的人只看到片段而斷章取義，讓真相被撻伐聲給淹沒，結果對整個市集都被牽連了！

資訊之發達，有很多事情因為快速的變遷，反倒成就更多的誤解或者紛爭，這個在一些社群網站或者新聞中，每天都有很多歷歷在目的故事上演著，比方哪個明星夫妻吵架，結果反倒是局外人跳出來互相辯解與叫囂！我們自己身上、生活中所發生的大小事情，好命兒是否曾經也給了他人一些評論或者壓力，或者變成那個喜歡站出來做調停的人？

男人與女人，大人與小孩，父母與子女，老闆與員工，所有的人際在事情發生時，處在當下的角度都各有所異，不一定完全不同，但是總有些人與你所思所想的不一樣，對吧？

有次在搭捷運回家的路上，有對母女一起推著一台嬰兒車上車，剛好我隔壁有兩個座位，母女倆就坐了下來，這個女兒跟媽媽說起，婆婆最近會從鄉下上來台北看看孫子，除了要帶孩子之外，她還要照顧婆婆，而且台北的房子並沒有很大，房間也剛剛好，這樣實在很不方便，但她沒有理由叫婆婆不要來。於是這個媽媽就建議女兒要跟婆婆說明白，若是看完孩子就早點回家，因為房間不夠也會很擠，就說怕婆婆住得不舒服，但女兒卻面露難色，說還是等下回去跟先生說一下，討論看看可以怎麼跟婆婆溝通，如果真的要她說，她也很為難，應該讓先生去說，免得婆媳之間有問題，大家會不開心。母女之間為了這件事情討論了許久，媽媽給了許多建議，但是那些建議聽起來都相當不合適。

從這個女兒的角度來看，我相信她有她覺得為難的地方，但是為了家庭和樂周全考量，她選擇回去與先生商量，考慮到婆婆的感覺、婆媳之間的關係，至少在那共同乘坐捷運的短短幾站中，她沒有只站在自己的立場，不是以自己為中心來看待事情；但她媽媽就不同了，愛女心切是講得好聽一點，但實際上這位媽媽只用自己的角度來思考問題，給了一些不適用的建議。

類似這樣所謂「角度」的事情，不是要以對、錯，爭個高下來決定，在事情發生時，應該要先學會處理因為事情所帶來的情緒與感覺，再來解決事情，當你不開心想發怒的事情出現時，所帶來的情緒波動，都是一種訊號，提醒著你該換個角度想問題，換個角度想事物，換個角度思考一下對方的想法或行為，而當你會為了別人著想，你可能可以喚回另外一半的心，也可能得到更多人的幫助，總而言之，換個角度思考問題，可能會得到人生的寶藏。

我們總是犯了一個習慣性的錯誤，習慣站在自己的立場上去看問題，總是要求別人應該怎麼樣做，而從來沒有考慮自己應該換一個角度來「換位思考」！**換個角度想問題，能使我們學會多一些寬容，多一些諒解，你將會發現生活中處處都是彩虹**，人生中有挖掘不完的無價寶藏。

態度與能力哪個重要

好命兒，你認為哪一個重要？態度不好，能力再好也沒有用；態度好，能力不好也沒有用，好像兩個都很重要，也很不重要。雖然有一句話是這樣說的：態度決定結果；但我覺得兩者都很重要，缺一不可，態度與能力是相輔相成的。

因為從事服務項目的關係，來到我面前的人，往往開口第一句話都是：老師我的運氣何時才會轉好？我的命怎麼比別人苦？諸如此類的來形容自己現在很糟。舉一個例子，如果你是一間企業的老闆，你如何決定員工的升遷？或許大多數的人會認為，除了個人的專業能力外，還會考慮到員工的工作態度，由此看出，對待工作的態度和個人的能力是同樣重要的。

同理可證，為什麼就是有些人能從命運的谷底翻身，但為什麼總是有一群人，到處求神拜佛，到頭來還是都過著一樣的生活？**不同的生命軌跡，就算在同一套生命劇本中演出，其演出的精采與否，到最後的劇終時分也會不同。**那麼，到底是什麼在成就我們、可以改變我們？那就是「態度」！

態度是內在的磁場意念，是個人命運的催化劑，它會驅動跟自己息息相關的想法、感情、理財價值觀等各種行為，成為外顯具體的實像表現。

當你覺得自己的生活過得很糟，工作不順、感情不佳，或者是其他悲慘的命運，若真的想要改變，不單單只是用想的，而是弄清楚，你面對自己的態度是什麼？以我自己為例，如果不是因為自己的傲慢與鄙視的態度，怎麼會在事業經營好的時候，一夕之間全破滅還背負債務？當時的我雖然及時收斂，也想要透過各種祈求方式及借助神明的力量，重新再站起來，所有的過程卻並非一日之間就能夠翻轉的，我也沉在谷底很久過。

所以好命兒，如果你求神拜佛或者借助老師想要得到神奇，絕對是不可能的，唯有調整看待自己的人生態度去做出改變，為自己現實生活中給予你的痛點去承擔，才有辦法因為神佛的慈悲指引與老師們的助力破除化解，然後看得到那一道光出現。

當你的態度改變了，接下來我們就來聊聊「能力」，這個能力不是指你自己有多會賺錢，或者工作能力有多強，而是你能不能幫助得了自己的能力。負面的情緒來襲，你能不能自己轉個念，讓想法轉個彎，讓心境開闊一些，不要死鑽進黑暗的深洞中。**多用「心」去體悟，不要用感覺去思考**，只用感覺來照顧自己的狀態。這世界上唯一不變的就是變，如果改變你自己的思維方式、改變觀念、改變性格，態度就會跟著改變，影響最直接的就是我們個人的行為會改變，命運不改變就是意外了，所以最終我們自己的能力是要能夠透過自我覺察，從自己的內心來著手，一定會在你的生命轉彎處看到不一樣的美麗景致。

再分享一個故事，有位女士愁容滿面的前來諮詢，諮詢的問題是自己的感情與婚姻，家庭主婦的她，到現在兩個兒子都已經大學了，卻發現先生在外面有另外交往的對象，而且已經持續交往多年，偶然的機會下發現這個讓她驚愕的事情，很難接受並相當難過，先生後來雖然有答應她會跟第三者分開，不過自始至終都覺得沒有斷，而且還有其他新的曖昧對象。

以這個故事為例，如果這位女士繼續吵鬧，其結果或許兩方都會受傷，不一定有辦法修復得好，但是若理解了情緒，好好想想到底自己的目的是什麼？吵是因為不甘心還是真的在乎？自己的情緒建立在別人的操控下，所過的生活是真實的自己嗎？在長達一個多小時的諮詢中，我請她做了一些事情，第一，為自己找出生活的價值，除了丈夫、小孩之外，重心還有哪些？有哪些事情是她自己想做卻一直沒有去做的，例如學習；第二，兩個人的感情出現狀況，同時都是兩個人的功課，如果一直帶著有色眼鏡看對方，不就更強化這樣的意念嗎？找回兩個人有哪些共通的喜好，要先釋出善意去回應，而不是只有要求別人為你做些什麼，要先懂得愛自己、為自己想，這不是自私，如果不懂得愛自己，別人怎麼會好好疼惜？

半年之後，她再度來訪，此次不再整個五官糾結在一起，而是笑容滿面，她跟我分享說，聽了我的話之後，心中當下覺得「為何要我做這些？」，但因為老師說要放心，先生就會回歸家庭，一切安好，雖然真的好難，但在半信半疑的狀況下她決定試看看，結果突然有一天好像腦袋被什麼打到，一下子清醒了，開心的去做她想要做的事情，每天都有很多好事發生，連家裡的氣氛都不同以往，最近更是發現先生晚上在家的時間變多了，而且還會找她一起去喝咖啡看夜景，她想知道，接下來應該要再做些什麼？

所以接下來，我便給她一個功課，同時也要派給各位好命兒一個課題——

從現在開始三個月內的計畫與未來三個月到半年的計畫，這個計畫不限定任何方向或者一定要制定什麼形式才算數，比如，可以從現在開始的三個月，每天下班後去公園散散步，每週可以與另外一半去喝杯咖啡或是戶外散散心，每兩週能夠讀一本好書；未來三個月到六個月，可以上個烹飪課或游泳課、可以將自己的改變用文字記錄下來等等。

屆時，歡迎大家來跟我分享你的心得。

修行帶來的省思與覺悟

修行是一連串累積的過程，也是個人對生命的態度紀錄；修行不是藉口，而是修練自己生活當中的思緒、行為，養成的一種生活習慣，以我個人累積的過程經驗，經由修行的步驟是一種保持正念覺知，學會觀照身心，與內我真實貼近互動，看到自己的樣貌及反應，喚醒覺知力，漸漸的會停止許多糾結，而這些糾結就是要來提示我們的功課。

修行是一種生活態度，「若想要收穫，就要花點時間用心在鋤草及耕耘。」修行沒有便捷的路徑，一定會有困難、也會有打擊你的事情、更會有干擾你心性的人出現，但關關難過關關過，當你練就這一切，不再把困難當作困難，恢復正面能量也就越豐富，試想老天要你面對這一切是為什麼？除了覺察自我來提升自己之外，另外一個層面，不也是訓練我們，假以時日讓我們有機會幫別人一把，傳遞與相互扶持，送暖給他人，實為驗證所有一切安排的美好。

修行，不是一種遠離紅塵的方式，反而是更要身在其中的幸福滋味，許多經典書籍、大師口述傳達的道理，花了許多時間聽聞吸收，甚至是從不同的人所講述出來的同樣道理，但真的可以變成我們自己真實經驗和體會嗎？無論你知道多少，聽了多少遍，要把這些應用到自己的身上，確實會需要花點力氣與時間，才會有機會看到變化，對！大部分的人都會經過一個撞牆期，才會有比較明顯的改變，自己覺得按照這些道理去做，也跟隨了大師多年，但沒感受到變化，當這些所謂的「感覺」、「沒有改變」的想法孕育而出，就開始半途而廢放棄了。

親愛的好命兒，「感覺」是你的肉身、情緒反應，自己內心的貪求慾望，如果你真的從你的內我為出發，也就是你的心、與你的靈魂做連結，從心真正去調整，改變會漸漸地產生變化，一切當水到渠成之際，老天回應給你的禮物是會讓人想像不到的豐盛，從你的工作事業、你的家庭、你的感情、你的健康、跟你自己所在意注重的一切事情都會有變化，屆時會因為某個契機在某個時間點出現讓你產生感悟。

修行在生活、生活即在修行，智慧與福報會越來越多，心境上少了羈絆與情緒困擾，快樂的時間將會越來越多，原本以前未蛻變的那個自己，與現在相比之下，層次境地就不一樣了，比如：對人、對事件的發生更加的寬容，對於他人的付出不會貪圖回報，曾經傷害你的人會給予尊重，經常反省自己的言行，一個心靈的開悟（感動）或者生活中的點滴都會讓你獲得更多的快樂。

六祖慧能說：「佛法在世間，不離世間覺。」，說明了「生活即修行」的意義。聖嚴法師曾經聊到一個故事：

話說有一天有位僧人向趙州請法而問：「學人迷昧，乞師指示。」

州云：「喫粥也未？」

僧答：「喫粥也。」

州云：「洗鉢；去。」

這也就是說，該喫粥時去喫粥，喫完了粥應洗鉢，該如何就如何，便是佛法。很多人的觀念都認為自己常去廟裡拜拜、禮佛、誦經、甚至是認為找了老師諮詢解決問題、花了錢，怎麼都沒有改變，老天怎麼都沒有讓人變好轉運？可知原來答案就是：「生活即修行。」，在日常生活中的一舉一動、每一個念頭，都有其影響力與重要性，把生活和修行融合在一起，把日常生活、工作變成修行，最最踏實的方法，也是最殊勝的方法。當你在做家事，也是修行，除你的業障和煩惱；當你認真工作，不是只要賺錢而已，而是用你自己的力量與能力完成該有的職責，服務客戶、服務團隊的同事；你開始明白這些道理，明白「生活即修行」，在談及修行時就不會覺得如此遙不可及。

好命兒，老師與現在閱讀的你沒有什麼不同，同樣是為著自己在負責，好好吃飯、好好睡覺、勤勞運動，**認真做每一件事情，呼吸之間都是在修行，因為如此更能享受生活中每一件事情的發生**，凡事發生必有好事，一切都會吉祥如意，這才是圓滿。

Chapter 5

心靈澡堂

命運是一個轉輪，
運轉的過程中，
你將會自己選擇好出口。

你現在的人生清單

有一部電影的中文片名是《一路玩到掛》，故事是躺在病床上所剩時日不多的兩個人，一個是為了家庭放棄理想，當了一輩子的修車技工；一個是億萬富翁，享盡榮華富貴並周旋於諸多美女之間，兩個看來沒有什麼交集的人，卻因為罹癌末期所以住在同間病房。

由於被宣判來日無多了，兩人便想多探索一下世界，一起列出他們的冒險清單要去完成，兩位老主角演活了一部青春年少的冒險日記，很值得一看。

片中有另外一個代表著類似天使的角色，問了他們一個會決定他們死後的靈魂是否能夠上天堂的問題：「你生命中有任何喜悅嗎？你曾為別人的生命帶來任何喜悅嗎？」

一輩子為家人付出的修車技工，雖然在知道死期將近時心有不甘，但當他去外面放鬆兜了一圈後就明白，原來這些付出成就了他的價值。

而億萬富翁因為無法體會人與人之間的忠誠與信任，且又是「無神論者」，所以「信仰」對他而言遠不如手握實權與金錢，空虛讓他更憤世嫉俗。就在最後，修車技工送給了億萬富翁的一段話影響了他：「我沒辦法回報你為我所做的一切，但是我想請求你做另一件事：找回你生命中的喜樂。」億萬富翁才終於了解：**付出即是獲得，信仰即**

是平靜。

好命兒，這兩個問題若現在問問你自己，你的答案是否能夠具體說明白？

你的人生清單，可曾用紙筆寫下來，還是只是用想的？然後每一年的年末，新的一年的年初，都不斷的在變更清單項目，想得很多卻真正實行的少，不能如願又怨嘆是命運捉弄人，好似上天都不曾照顧過你般？

我必須告訴你，不能實現的原因是出於自己所致。

可能是清單項目不夠明確，比方說想要還清債務，這是一個設定的目標，你的行動是什麼？有沒有去做協商？有沒有具體分配好自己的收入和支出？同時也要時時去檢視是否有依循實施，因為有些人來進行諮詢，開口就要老師幫他，提出債務想要快速還清的想法，卻想靠著「一步解百憂」的方式來免除這些生活上的經濟缺口，不願意真正面對，坐在家裡想等錢掉下來，或者還不收斂自己對於金錢的使用觀念，怎麼會真的消弭問題？

我們每一個人都希望自己的人生能夠自己掌握好，但真實的生活情況卻是因為自己的生活混亂，導致你自己遺忘了自己真正內心的人生價值清單，懇請你現在拿出紙筆，一條條把你所認為應該放進人生清單的列舉出來，把渴望的事物條列下來，勾勒嚮往生活的雛型，寫完後，請先擱放在睡覺的枕頭底下三天。

三天之後，請你拿出這張清單表，將每一個清單項目看過兩遍，勾選你看過後直覺認為重要的項目，不管你是選擇了幾個項目，甚至認為每一項都很重要，都沒有影響接下來所要做的，也就是將你已經勾選出來覺得重要的項目，做一個排序標註上數字1、2、3……，標記好後，請用紅筆將前三項給圈起來，打上一個紅色的星星記號，告訴自己今年無論有多少時間，專注在這前三項清單項目去落實進行，這樣一來生活也不容易失去方向，或者覺得自己身心疲憊，如果你能夠確切按照此步驟去進行，加強你的意念與行動連結，絕對會聚焦在你此刻最想實現的重要事情上面。

上天是公平的，每個人都有24小時，應用清單的方式，無非就是要自己幫助自己將思緒做整理，透過審視自己而不會有失偏頗，了解自己之後才能活回自己想要的模樣，**寫出這一份清單，有助於讓我們能夠自我覺察，哪一些才是我們真正需要的，將混亂的人生模式和問題給簡化。**

愛自己 VS. 感恩

「你會好好愛自己嗎？」「愛自己＝自私嗎？」

曾經問過身邊許多人這樣的問題，有些人愣住不知道該如何回答，有些人說愛自己是一種自私自利的表徵，也有些人說：「有喔，我有好好愛自己，我都會吃美食、買名牌。」各種回答都沒有對錯，差別只是認知的標準不同罷了。

打從一出生開始我們都是曾經是被照顧者，充分的享受各方的愛，細細品味著被愛、被照顧的感覺，甚至是被教育成為會「孔融讓梨」、愛護照顧別人的人，印象之中好似沒有被教育如何「愛自己」，以致於人們習慣他人為自己的付出認為理所當然的，誤以為這種就是愛他人、愛自己的一種型態，因為這樣子的關係，衍生出層出不窮的情況，比方說世間癡情男女認為自己為對方付出所做的一切就是愛，因為如此對方也會深愛自己，這是個錯誤觀念，真正的愛自己並非如此解釋的！

常言：「一個人不愛自己，就不知道怎麼愛別人，同樣的別人也不會好好愛他」，這是有其道理的，愛自己是一種積極主動的態度，從渴望別人來滿足我的願望，等待別人來愛我，到主動選擇自己能夠快樂滿足的生活方式。一旦你自己過得不快樂，生活、工作、感情等各方面出現了問題，開始怨天尤人抱怨這個那個的，生活只會讓自己產生更多的無力感。

「愛自己」也不是一定需要用物質多寡作為標準，只是做了表面工夫，並不是真正透徹在與靈魂連結上，所以還是會感到空虛無力。生活中其實落實「愛自己」這件事情並不難，從一早起床後的感恩開始吧！老師非常鼓勵大家每天早上起床後梳洗完畢，要進行啟動心訣——感恩的功課，睜開眼後讓我們有著感恩的心與能量帶給我們身體動能、腦袋思慮清晰、提醒著自己在一天的日常中體會各種感受！再來，保持童心與純真，在一天忙碌當中，為自己找一個輕鬆時刻，高興時哈哈大笑，難過時適度的抒發情緒（以不影響或傷害他人為前提），像老師在忙碌之餘也是會找點樂趣來，讓自己發自內心笑一笑，甚至影響到身邊的工作夥伴們，無形當中會讓環境氛圍變得更好，自然而然的大家都喜歡與你在一起，而自己又是最大的獲益者，因為可以很輕鬆地暫時擱下所有的重擔，找回最單純的自己與重新補充能量散發著光芒，好命兒想想，是不是每次看到老師時，都覺得老師活力充沛，模樣可愛？

而人非聖賢，生活也不會是絕對百分百的完美，所以無論曾經做錯過任何決定或者是遇到不好的事情，都不要讓自己沉浸在苦痛或是懊悔的漩渦中，我們應該感謝老天安排的每一個生活細節，行駛於人生道路當中，不會全部都是一條直通的大路，偶爾蜿蜒上山，偶爾遇見崎嶇不平，沿途的風景如同四季的變換，這是要我們學習充分接收所有，從中去體會生活最真實的驗證，稍加微調修正一下節奏，就會看到不同的自己！

像老師，天生也不是一個能言善道的人，從小因為很少開口與人講話，有一度甚至被老師認為是啞巴，因為工作的關係要配合上電視節目錄影，會緊張也會詞窮，甚至面對主持人的臨時問題，也答得二二六六，一度也被經紀人要求要去上口語表達課程！如果當下老師面對這些排山倒海來的考驗，認為是自己的障礙因而害怕不敢再往前，也就無法再有機會看到現在不同以往的我，從中學習、進步，這些不完美會成為試金石，反倒使我的生命更加完美，記住，所有事情不是因為別人的期許或要求，而是你想看到你自己什麼模樣。

接下來，要談的「愛自己」，跟自己的身體相關，古云：「身體髮膚受之父母。」，你每天用多少時間與你的身體做接觸，身體就會回報你什麼，所以這個肉身要好好地維護照顧，因為身體的每一個細胞其實都有其意識，會讓你本身充滿活力和創造力！同時身體意識的智慧，也能夠反應出你的生命能量是否有所阻礙！身體產生的疾病，除了因果關係之外，也代表你今生的能量反應，透過身體反應出內心的苦痛或恐懼絕望！

所以，除了日常的照顧之外，也請你可以試試每天花個十分鐘，讓自己靜靜的坐著，不要去想其他事情，只要**觀想自己的內在身體裡是充滿光明的，被天地所有自然之光與溫度給擁抱著，去信任你的生命、你的靈魂要帶給你的自我覺察**，跟隨靈魂的呼喚，聽從內心真正的嚮往，朝著自己生命的目標前進，會發現全宇宙都聯合起來幫助你，因為是你幫助自己順應在正面的磁場中，讓喜悅祥和包圍著你，無論外界多麼變幻萬千，你都會感受無限喜悅歡樂。愛與感恩會創造很大的正能量，一切實像顯化皆源自於愛，感恩正是愛的養分，讓正能量可以茁壯成長，散發光芒。因為你懂得「愛自己」，才會有機會改變一切的關係，**你看見了內在的自己，也就是接納自己的起始**，當你懂得「愛自己」，才真正知曉如何愛惜他人，**愛與感恩是改寫命運的一把黃金鑰匙**。

規劃值得擁有的人生

一個值不值得的人生在於，你的生命過程當中經歷的每一件事，只在於自己是否肯定，自己是否有找到真我。

先來說個西方小故事，有一個名為薛西弗斯的人，因為得罪眾神，所以眾神想用最嚴厲的刑罰來處罰他，就命令他把一塊大石頭從山下往山上推，當推到山頂上後，眾神再把大石頭推往山下去，然後再一次命令他推上山，一直重複地這樣進行。眾神認為，沒有比做徒勞而無功的工作更可怕的了。

這個故事裡面的比喻，好比是生命的過程，從出生到死亡，無論薛西弗斯怎麼將石頭堆到山頂去，其結果都還是要從山腳下重複著將石頭往上推到山頂去，如此這般一而再、再而三的進行，是真的沒有意義嗎？

生命的價值和意義是由我們自己來決定的，老師認為有它看似平凡無奇的意涵在裡頭，我們不應該在活的時候想著我死後會去到哪裡，在有限的時間與空間（環境）當中，反而要想著今天我能活著是還能夠去做什麼，所有的過程充分去體驗去碰撞，不要只是一味的羨慕別人的事業有成、家庭幸福，人生最值得投資的就是磨練自己。

曾經有個案例前來諮詢，他可以說是將「算命問神」這件事當作是他生命當中的必需品，他說老師都說他的命很短、最後也都是孤苦一人，他為此覺得活著很痛苦，他到處去問神都說是命不好的關係，要不然就說是有無形干擾，後來看著我在電視節目上的播出，他覺得我一定會有妙法幫他，我看了他很認真的表述，實在忍不住笑了出來，他納悶地看著我，「老師，怎麼了嗎？是沒有辦法幫我嗎？」，我告訴他說幫與不幫僅一線之隔，你的事情神仙也愛莫能助，他聽了臉色一度凝重慘白，大概沒有想過有老師會這樣對他說。

我告訴他，他花了很多時間去找他要的答案或是解決方式，實際上已經浪費了生命，我看了他的命盤，他會很長壽，並不如其他老師所說的這樣命短，但他卻頭髮也不整理，鬍子也不修一修，父母生給他一個不錯的體態，也不好好珍惜，這樣子會有女孩子喜歡他嗎？工作上面也都沒有好好去做，只想找老師解決問題，這樣只會被其他有心人斂財還買不到心安，所以我才會說神仙也救不了他！

就像老師我小時候承受許多的奚落或苦痛，若只知道怪命運對我不夠好，現在也不會有坐在他面前的老師！要選擇處在什麼樣的生活模式下，其實本身我們自己就是一個具有影響力的變動因素，而**命運確實是存在的，是打從出生就由上天安排給你的局面，目的就是要讓我們有機會重新調整與學習修練好過去未曾完成好的作業**，信仰本是件美意好事，如果透過有修為的老師諮詢，是要幫助你站在另外一個高度去觀看現今的模樣。我們不選擇去與命運抗衡，但也不是宿命論，而且發自於內在地去覺察，實實在在的通過自發性的修練來蛻變人生，拿回原本自身應該有的力量，才有辦法去破除外在的阻礙。

當你離開你認為應該的宿命，遠離你的抱怨，你才有力氣去開啟另外一扇門，通往你嚮往的生活。

好命兒，現在正在翻閱本書的你，今年幾歲了?你喜歡現在的你嗎？你對於你的生活滿意嗎？**已逝的青春歲月當中，有沒有做出你覺得有意義的事情**？你把時間都花在哪了？

命運是一個轉輪，運轉的過程中，你將會自己選擇好出口！

我最親愛的好命兒們，靜下心來聽聽你的靈魂之音，曾經經歷的一切人事物，不會讓你白走一遭的，而你也僅僅需要讓你的心重拾力量來拂去命運中的塵埃，讓你從另外一個角度去看清楚藍圖應該要呈現什麼樣子，命運的藍圖更是我們靈魂的一盞明燈，是要讓我們得以反覆去覺察與自省內我，從經歷以及周遭發生的小事中深思及啟發，讓心中那盞燈明亮起來，去感受世界的安排都是美好的。

後記：後來這位故事當中的主角，半年後出現在我的眼前，已經是蛻變後的模樣了！西裝筆挺的，拎個公事包，現在的他正在一間壽險公司服務，從他眼中我已看到了他的明燈，正引領著他去創造有所價值的人生旅程！

創造健康富足靈性人生

還記得前面老師有提到的黃金鑰匙嗎？

愛與感恩是改寫命運的黃金鑰匙，這把鑰匙是要來開啟我們的健康富足靈性人生之門，「身、心、靈」之平衡就會讓我們時時保持希望、充滿能量，覺得生命之中所有一切都是有其意義的，感受到老天給予自己的平安、富足、恩澤。

我們都喜歡生活快樂，我想也不會有人不喜歡跟快樂做好朋友，但是生活當中前一秒的你或許還神采飛揚的，下一秒就爆出令人難以承受的挑戰，無法控制所產生的負面情緒之感，讓自己陷入了死胡同，怎麼我的命這樣坎坷不安，為何我也是做了不少善事，捐了很多錢，還是這樣亂糟糟的？類似這樣的問題你是否曾經有過自問自答？可曾找出過答案？很多人都因為遇上了阻礙、挫敗就此一蹶不振，但也有不少的人有能力在這樣順流、逆流的環境中，擁有內我的豐盛之力，可以換個心態去平和面對，甚至因此跨越了問題，這與自我的覺察有著密不可分的關係。

而擁有靈性的人生，不是要談你有什麼特異功能，在此不怪力亂神，**一個人若能夠充分的在生活中去體悟經歷生命中每一刻的發生，真真實實的存在，就是靈性**；當你在工作職務當中享受裡面進行的每件任務，就是一種靈性；你會想要幫助你的同事、你的朋友、你的家人，也是一種靈性；你會習慣與人互動、溝通、吸收別人的生活經驗，那更是一種靈性的表現！無論什麼樣的情況，生活中的每一分每一秒，都是徜徉在日常事務中，去體現所有美好的發生。

當然你可能會說，怎麼可能時時都美好，我看是壞事、煩人的事情比較多吧？要是老師去解釋，其實好與壞都是一半一半，只是在某一個低潮的時分覺得日子難熬罷了！

靈性，談的也不是不食人間煙火的仙女生活，很多時候不用刻意去安排自己的生活，擁有靈性的生活也未必一定要搞得家徒四壁，靈性不等於清高，過有靈性的生活更不是不能夠將現實的物質生活打理好。如果覺得想要追求心目中那一份靈性的存在，是必須與物質做切割，那也不是真正的靈性人生。

談到富足，你直覺會想到的是什麼？金錢？權力？地位？

你有沒有想過，工作努力是因為什麼？對於婚姻情感的用心經營是為了什麼？你的生活究竟是為了什麼事情環繞著？難道，工作就只是為了賺錢；結婚只是為了傳宗接代？

我想有時候並非是錢或權力可以去衡量的，**生命的過程中，是一場不斷地換主場來學習成長**，了解到我們所有發生的事情和所有影響，能夠幫助他人，同時也能獲得他人的尊重，是一種循環，從學習↓轉變智慧經驗↓付出行動之力↓獲得他人尊重↓收穫成果。

講一個老師的孩子實際生活中的故事，我的大兒子專長在設計，除了平面之外同時對於影音方面也投入很多時間，在業餘也會接專案來進行，有一天他跑來問我說，他最近接了一個案子，做一個舞台動畫，從開始在談的項目內容需求做了很多次的調整，而調整的內容不是微調而已，因為牽一髮而動全身，等同於重做，但是因為這個案子是一個朋友介紹的，為了要把作品做好，並沒有因為屢屢修改而覺得生氣，但是現在作品都交了，窗口卻來跟他說，實際付款的時間會變動、公司如何如何的官方說法，害他心情受到影響，想要聽聽我的建議。

我告訴兒子說，還是要先打電話溝通，告訴承辦人員，這個案子在進行時，相信他很清楚從一開始談的需求到執行的過程當中的變化，也知道他一定也是因為公司主管的要求，必須來請我們配合，大家同樣都是公司的職員，有時候對於公司所交付的事情是必須使命必達的，但最後這樣子的付款方式與原本的承諾差異甚大，對於往後我們同在社會上工作個人或公司的聲譽，會帶給人不好的印象，希望他能夠再幫忙協調處理。

兒子聽我說完，問我可以用 Line 打字給他嗎？我說不行，因為講話有溫度，對方聽到你的聲音才會感受到你的想法，藉此磁場來影響感染對方，溝通完之後，再將剛剛電話中講的重點打在 Line 上面，加深對方的印象。隔幾天，我再問兒子此事，他說當天承辦人就回應並且處理了，雖不滿意但也算是有經驗，知道日後接案洽談時要掌握與注意的地方。

依照老師對於富足的解釋，就是「豐富滿足」之意！

最後我們要談的是健康，對於健康的定義，不單單是指生理的健康，更包含多元化的層面，如健康體適能、安全、壓力管理、健康檢查、心理狀態等。

如果單純描述關於生理（身體）的健康，相信大家一定都耳熟能詳，養成好的生活習慣，如睡眠、飲食、適度運動等，而從其他的方面來描述健康意義，這一些往往會遺忘了如何去維護，比方說：心態上面要對自己有信心，對人生要抱有正面希望，要關心自己的家人並與周邊的人有良好的互動，對於自己的工作要喜愛與尊重，從工作中成就自己的能力，知道自己的優缺點，同時也願意接受他人指導與經驗分享，能夠接受外在環境的變化，快速的調整適應，時時充實自己，讓自己更趨向快樂生活，使自己生活過得有意義，享受人生。

我們從靈性談起、然後到富足，最後談健康，「身、心、靈」之平衡是對自己的信念、價值觀、行為、思想的覺察，會被安排在哪一個家庭、哪一個環境中等，都是有其相互締結的因緣在，承接前面所提及到的規畫、一個值得擁有的人生中延續下來，你能從這萬事萬物中去找到生命存在的意義嗎？讓你自己能夠多些體會與理解，「身、心、靈」就會被灌養著，這道大門才會屹立不搖並且雄偉地讓你看見，讓你親自以黃金鑰匙開啟。

如何提升運勢

每個人都希望自己做事能夠一帆風順，希望自己的生活積極向上，可是人生總會有坎坷和困難，總會在某一階段的某一段時間，覺得做事很不順心，所以針對戊戌年（107年）各生肖來分析一下該注意的方向與提升運勢磁場的方法——

屬鼠的朋友，你們今年的運勢是＜**易獲賞識**、**面臨抉擇**＞。今年你們的認真容易被上司、老闆、客戶發掘看到，以前的辛苦努力，終於要開花結果了。但是，也因如此，機會變多、誘惑考驗選擇也變多，在工作上是不是真的能選到真正的伯樂來看到你這隻千里馬、在投資上是不是真的能選對良機，而非陷阱，這都考驗你的智慧判斷。所以建議你機會來時可以多停、看、聽，聽聽親友長輩的意見，就比較不容易誤判喔！農曆過完端午後，運勢會開始更往上走，可以準備大展身手了。

建議屬鼠的朋友可以配戴黑色手鍊或是擺放黑色的飾品，最好還能帶到財神廟、關聖帝君廟順時針繞三圈過香爐加持，這樣更可以來幫我們思緒清楚、關鍵時刻增加決斷力喔！

屬牛的朋友，你們今年的運勢是＜**貴人運佳、逢凶化吉**＞。今年遇到事情有困難的時候、容易會有人相助。遇到危難的時候，也會有人解救，若是遇官職升遷，也會有人暗中幫忙。凡事不要太早放棄，只要願意再多堅持一下，就會有轉機。另外只是想要有貴人扶持，也代表我們平常的做人公關也不可以少，當別人有需要幫助的時候，在你的能力所及之下，也不要吝於出手。朋友結交越多，貴人出現的機率也會越高，記得廣結善緣喔！

建議屬牛的朋友可以在居家空間的東南方和西北方，各點一盞長明燈，全年都不要關，能夠照亮你的元辰、逢凶化吉喔！

屬虎的朋友，今年你們的運勢是〈**吉中藏險、保守以對**〉。今年做事順心應手、如魚得水，心裡所求所想都容易達成。但是魔鬼就藏在細節裡，危險就藏在歡樂之中，切忌因一時的得意忘形、志得意滿，就忽略周遭旁人的感受。有時候小人就是在這個時候產生，嫉妒你，暗中扯你後腿，或是搞破壞。凡事以低調為主，對於不熟的領域或是投資，盡量保守應對。只做自己擅長的，做自己專業的，自然會有好成績，不熟的還是少碰為妙。9～11月是運勢最好的時間點。要多加把握利用。

建議屬虎的朋友，可以在家裡的客廳、玄關或是辦公室，放聚寶盆，幫你招財守庫，讓好運綿延下去。

屬兔的朋友，今年你們的運勢是〈**喜事重重、福祿雙全**〉。只要做事願意按部就班，穩紮穩打，自然謀事可成、經商有利、求財滿願。而人逢喜事精神爽，看到人笑口常開、常保歡喜慈悲心，更會幫自己的運勢加分，進而福祿雙全。不過提醒屬兔的朋友農曆的3～5月，要注意自己的身體健康狀況，尤其是上了年紀的老人家，要特別注意天氣的溫差變化以及口腹之慾，小心病從口入。長保睡眠充足及多運動絕對是健康的不二法門。

建議屬兔的朋友，可以在今年每個月的初一跟十五以及觀音菩薩的慶典紀念日，農曆的2/19、3/16、6/19、9/19、11/15這幾天都點菩薩禪品線香，避免無形磁場干擾運勢。如果能到有供奉觀世音菩薩的廟拜拜當然更好。

屬龍的朋友，今年你們的運勢是＜**勞心勞力、守成為要**＞。今年算是正沖太歲，也叫歲破，這樣的殺傷力不下於屬狗犯太歲的人。既然叫作正沖，就代表有衝擊、抗衡的意思。因此今年你們的工作容易奔波疲累、勞心勞力，但最後卻事半功倍、徒勞無功。所以今年的規劃，盡量以靜制動、以不變應萬變。所有重大決策，盡量以守成為主，不要硬是要強出頭。自己的身體健康、出入交通也都要特別謹慎小心，和家人也要以和為貴，切忌時常在家爭吵，會更容易影響沖煞。

建議屬龍的朋友，可以配戴由濟公師父欽賜的滿願戒，讓師父盡量能在你身邊幫你盯著，在緊急時刻才能拉你一把。也記得要去安太歲，有空多到廟裡拜拜走走對你也會有幫助喔！

屬蛇的朋友，今年你們的運勢是＜**名利雙收、水到渠成**＞。今年你們的運勢極佳，吉星入位，工作事業上表現不俗，且有部屬、貴人相助扶持，名聲遠揚。財運投資上也心想事成、偏財運佳。如果是要找另一半或求子者，在今年也有紅鸞星動，喜事臨門、添丁發財。因此今年可以說是屬蛇的朋友大豐收的一年。務必善加把握，切忌發懶。在農曆的7、9、11月是全年運勢的相對低點，這三個月需要慎防疾病破財。也提醒你們，運勢雖好，也勿過於驕縱、奢華、高調，避免好運外洩。

建議屬蛇的朋友，可以在居家空間的西方，放上六條珍珠手鍊或是金銀珠寶等貴重物，可以幫你維持守住好的運勢。

屬馬的朋友，今年你們的運勢是＜**先蹲再跳、突破僵局**＞。今年你們上半年可能會覺得各方面都有點綁手綁腳的，工作、事業、財運、考試、升遷等等，都會覺得已經手到擒來了，卻敗在最後臨門一腳，感覺有點諸事不順。但其實這就是老天跟你開的一個玩笑，老天在測驗你的耐心和堅持的毅力，上半年雖感不順，但也不至於大敗。只要你們能把這樣的努力態度堅持到下半年，你們的好日子就來了。下半年起，事業精進、突破僵局。功名考試、升官加薪、化兇成吉都會在你身上一直發生。因此切記，一定要拚到下半年，才能嚐到最後勝利的果實喔！

建議屬馬的朋友，可以在家裡的西北方，或是客廳、書房，放上有大象的擺件或裝飾品或是玉如意。能夠幫你們在上半年低潮的時候有吉祥貴人出現，在下半年運勢大開時，有富貴達人出現，助你一臂之力。

屬羊的朋友，今年你們的運勢為〈**動中求財、切忌投機**〉。今年的財運其實不錯，但都屬於動財，所謂坐而言不如起而行，只要保持不停的活動，不管是動體力、動頭腦，只要有動，就會有錢，不怕徒勞無功。但是今年有破財劫色的危機，因此老師特別提醒，不要從事投機性的行為、工作、投資。也要慎防桃色糾紛。不是只有男生而已，女生也要慎防美男計導致破財。農曆3、4月的時候易有口舌是非導致官司，須更謹言慎行。也千萬不要為人作保。記得，要賺錢就要動。

建議屬羊的朋友，今年可以多燒桃花人緣香，藉由貢香來幫你吸引貴人相助、化解桃色危機。有機會也可多行善佈施，自然能化險為夷。

屬猴的朋友，今年你們的運勢〈**吉星有缺、起伏不定**〉。今年財神、喜神、吉星會比較少光顧你，工作事業容易陷入孤軍奮戰，進退兩難。

情緒容易被外力影響波動，投資也較不順利。整體運勢起伏不定，有英雄無用武之地的感慨心情。尤其在6～8月的時候，易有官司是非被詐騙等事發生，需特別提防注意。但可喜的是今年利於進修考試，是自我充實充電很好的一年。善用今年的潛藏蟄伏，等待天時，再到明年就會是你們發光發熱的時候。

建議屬猴的朋友，可以在今年多參加法會，一方面幫你穩住運勢，不讓過大的起伏影響你的思緒。一方面也可佈施迴向、累積功德，為來年的你打好基礎。對自己一定要保持信心，千萬不能消極喪志喔！

屬雞的朋友，今年你們的運勢是〈**逆水行舟**、**兵疲馬困**〉。坦白講，你們今年的運勢欠佳，做事容易遇到阻礙難行，有如逆水行舟，分外吃力，但進展成果只有一點點。如果有和人合夥生意，易發生爭執、理念不合。許多洽談到一半的案子、機會，也容易因外力介入，導致破局。財運健康雖都無大礙，但小波折不斷，讓人容易心煩意亂。所以今年所有的事都要盡量冷靜以對，開車騎車都要放慢速度不要急，在農曆4、5月份的時候，會有一波的運勢高峰，可以善加把握。

建議屬雞的朋友，今年可以在家多做如意元寶香的貢香，穩住財運財庫。並且有空也建議你們可多從事義工，在做義工的過程，會有你們意想不到的結果喔！

屬狗的朋友，今年你們的運勢是〈**太歲當頭、逆轉人生**〉。老師先恭喜你們了，為什麼呢？很多人說今年不是犯太歲嗎？哪有什麼好恭喜的。沒錯，今年是犯太歲沒錯，或許會有較多的波折、逆境不順，但在老師的觀點，危機也才會是轉機。人在太安逸的時候，要他居安思危很難聽進去，但碰到危險了，非轉不可了，這樣的爆發力就可以很強的。老師以前的經驗值告訴我，每每發生危機的時候，也就是要更上一層樓的時候了。所以大家不用過於擔心犯太歲，什麼都不敢做。

建議屬狗的朋友，除了要到廟裡安奉太歲之外，老師也希望你們能多參加年度法會，參加法會的目的，不是要你們都平安無事，而是要你們在遇到事情、發生問題時，可以順利度過。最好也常在家貢香，什麼香都可以，讓自己的心境常保平常心。太歲當頭，某個程度今年來講你們也最大。記住，要化危機為轉機喔！

屬豬的朋友，今年你們的運勢是〈**吉星高照、積極進取**〉。雖然你們的生肖排名在最後一名，但今年你們的運勢可以說是在前幾名。凡事有吉星相助，工作上貴人相挺左右逢源，財運上眼光獨到財源滾滾，感情上姻緣俱足、喜事臨門。所有的好牌都握在你手裡了。老師唯一要提醒你的，是今年的口舌是非較多，而且是為別人出頭招惹而來。所以今年盡量多一事不如少一事，管好自己就好。而也因吉星高照，要更保持謙卑、積極進取，勿因此而縱情玩樂享受。在農曆的3、6、9、12月的財運都不錯喔！

建議屬豬的朋友，在今年可以幫自己放一個黃玉球或是常配戴水晶飾品的手鍊項鍊，藉由天然玉石的能量，讓你的好運勢綿延一整年，也阻擋一些在外碰到的穢氣干擾。

12生肖的運勢有好有壞，壞的不要過於擔心，持續加油；好的也不能懈怠而過於享受，針對個人的流年運勢來趨吉避凶，**實質客觀地面對從命運藍圖上所見的功課，讓好命兒可以少走一點冤枉路，多一點機會可以逐步提升修練真正的自在生活！**

Chapter 6

心靈問答

功課未修練完成，靈魂仍會帶著課題到下一世輪迴，
禮物也會出現在下一世重新再來過……

前世今生諮詢是什麼？

前世今生諮詢可以處理什麼問題呢？只要是生活上任何問題，都可以在你提出問題後找到答案，並做出適當處理。正因為前世讓許多人好奇，所以更關心與他（她）的前世關係，希望藉此了解以改變與他們的關係，改變生活上的狀況，在不斷重複的問題中找到一條出路，甚至藉此來清除累世帶來的能量狀態。

諮詢分析前，我們的客服人員會提醒前來諮詢問事者，將自己想要問的問題想一想，整理一下，甚至最好能夠透過書寫的方式，一一寫下來，這個動作不是要事前給老師，而是透過自己手寫思考過後，能清楚知道最想即刻解決的事情是哪些，除了自己對於前世的好奇之外，更重要的是要把前世事件影響累積到此生的生活、運程的阻礙排除，了解哪些是我們在此生要透過事件的修練所學習的功課，在這樣的諮詢案例中，也都會發現，往往今生會有同一件事情不斷的重複發生，也多次反覆的出現在前世當中，說明一個道理：業障因果未除，自己的功課未修練完成，我們的靈魂仍會帶著這樣的課題（能量）到下一世輪迴當中，禮物也會出現在下一世重新再來過。

諮詢的過程中，諮詢者並非被催眠的方式進行，還是自己能夠有自己的思考意識，與諮詢者的互動過程，是可以隨時提出問題來詢問老師，互相透過聊天的方式，以生活中實際的故事或經驗等，去反應出自己的故事因果，也正因為是兩者互相有連結，老師便在諮詢中與諮詢者的靈魂做連結溝通，找出對諮詢者最合宜的幫助方法。

透過前世今生諮詢改變命運？

有人會問「是不是諮詢一次就會改變命運」？這就不一定了，原因是一個問題可能牽連許多前世累世的因果業力影響，一件事情所影響的程度也有深淺不同，要解決一個問題，也需要幾次的諮詢，依照個案狀態而定，但是每透過一次的諮詢，一定是對於自己本身有一定能量的提升與幫助，完成諮詢後，看事情的角度與心情寬廣許多，也有不同的看法與態度，都會有一定的幫助。

同時有些前世的情況並非能在當下立即處理完成，是因為諮詢者本身的靈魂知道，自己本身還沒有做好改變的強烈企圖意願，只是因為暫時性受到挫折、阻礙，想找一個理由或是可以依附靠岸的地方，你自己的靈魂還要你再次的學習成長，從生活上反應出的問題中，取得功課修練好的機會。除了前述的原由之外，也正是要給諮詢者一個勇於面對真實自我的契機，問題的背後往往都是另外一個的事件狀態所延伸出來的，人往往也都是表述自己的委屈的角色型態，第一時間不能夠誠實的面對自己的問題，你自己的靈魂是不會輕易地讓你移除命運枷鎖的羈絆，所以諮詢不僅僅是問問題，而是可以從累世中探索和處理，處理的不只是事件，而是從事件當中找到最具影響的根源，在有限的時間當中帶給你深具意義的改變效益。

輪迴轉世的意義？

輪迴轉世＝修行（功課）＝淨化、提升靈魂等級。生命其實沒有死亡，死去的只是這個軀體，死亡只是此生戲服給退去，生命不生不滅是永恆不朽的，每一次的輪迴轉世，是靈魂要透過你的軀體來讓你實際體驗並教導你、啟發你、幫助你自己，在有限的人生舞台中，何時結束並不是我們能夠主控，但對於生命的寬度是可以由自己來無限延伸，因為輪迴轉世讓你自己的靈魂得以內化、智慧可以將你帶入內我的意識，在輪迴轉世的旅程當中，是能進入到真正本質的匯集點，命運或是生活上所發生的一切影響，並不是要看著你吃苦難過，而是一個要從因果業力中擺脫，一直到你真正欣然接受所有一切，領悟到這一切是有意義的美好。

而六道輪迴：佛道、仙道、人道、修羅道、鬼道、畜生道，是前世累世下來的修練分級，如同我們在學校學習的能力分班制，每個人因為累世的因果律所產生的成績單和人生劇本都不同，在我們轉世投胎前，會先規劃好生命藍圖，想好來世的目的有哪些，包含有業力功課的學習，與自己規劃的願力目標，在投入轉世輪迴中，以五味——貪、嗔、癡、疑、慢，調味你的生命，透過身體感官連結生活事件引起的悲傷痛苦，幫助你自己內在的釋放、臣服等過程，清理掉那些無明的障礙。

《靈魂的出生前計畫》這本書中有一句話：「生命的苦難是自己

的靈魂一手策畫的，在受苦的底下，有更大更深的發願，是勇敢靈魂以肉身來學習與進化的歷程。」所以能夠來輪迴轉世並非不好，因為你還有機會繼續輪迴轉世，是讓我們重組過去累世所經歷的事件，重新對同一事件做出新的感受與體悟，藉此修正過去所犯過的錯誤。

在安排計畫好的生命藍圖中，我們的內我（靈魂）知道自己一生的目的何在，就像著名的「小王子」一書中所講的「真正重要的東西，是眼睛看不到的」，你必須與你的內我（靈魂）做好連結。

常常莫名的焦慮與恐慌怎麼辦？

當你有莫名的恐懼或是焦慮等負面情緒產生，即是你的靈魂想要指引你往不同的方向而行，只是因為你沒有跟靈魂做好連結，不在乎靈魂所要傳遞給你本身的訊息，才會感覺到此番的無助感。

因為無助，當然感受不到有這樣一股強大的情緒漩渦在你的內心流動著，建議你可以先從每日短暫的、只屬於你自己個人的寧靜片刻，什麼都不要想，好好靜下心來，傾聽自己內心的聲音。

只要好好的與自己的內我（靈魂）好好待在一起，聽聽你的靈魂想要跟你說些什麼，就會知道要採取哪些行動來改變。

如何修行才能夠算是真正入門？

修行，不是要你脫離現實生活出家才算是修行，修行要先把當下的自己做好。

修行不具有一定的獨特形式，能夠讓自己的煩惱給放下，心裡有了解脫與自在寧靜，將累世帶來的習氣與執著給丟棄，從日常生活中用心活著，要知福惜福，要明瞭無論自身所擁有的一切好與壞，都是自己所造，人生中會遇到的一些困境，是需要透過自己努力來轉化的，是必須要以智慧與福德來驅動改變的，就像雖然擁有一台跑車，但是沒有汽油如何使能車子開動？當福德不足夠，就沒有條件來解決問題，無論是如何求神拜佛都無法改變，要神靈驗也要人的配合。

增加智慧與福德就是從日常生活中做起，想有智慧就要收斂習氣，用習氣來處理事情就是沒有智慧，生活中一點偏差的負面思緒只是一種耗費你個人的能量行為，想要入修行之門，就要多學、多看、多聽、少講、少自己認為，可以多透過閱讀書籍、書寫功課、練習與自己內我（靈魂）連結、放下習氣與執著，轉化煩惱，修行不是掛在嘴上說，而是一種用心學習與想要自己成長的具體行動。

覺醒筆記

唯心 VRC0015

覺醒：
看懂你的命運藍圖，找回真正的自己

作　　者—林霖
封面設計—兒日
內頁設計—亞樂設計
責任編編—施穎芳
責任企劃—塗幸儀
主　　編—汪婷婷
總 編 輯—周湘琦
發 行 人—趙政岷
出 版 者—時報文化出版企業股份有限公司
10803 台北市和平西路三段二四〇號二樓
發行專線　（02）2306-6842
讀者服務專線　0800-231-705、（02）2304-7103
讀者服務傳真（02）2304-6858
郵撥　1934-4724 時報文化出版公司
信箱　台北郵政 79 ～ 99 信箱
時報悅讀網— http://www.readingtimes.com.tw
電子郵件信箱— books@readingtimes.com.tw
時報出版生活線臉書— https://www.facebook.com/ctgraphics
法律顧問—理律法律事務所　陳長文律師、李念祖律師
印　　刷—勁達印刷股份有限公司
初版一刷— 2018 年 3 月 16 日
初版二刷— 2018 年 4 月 3 日
定　　價—新台幣 320 元

覺醒：看懂你的命運藍圖，找回真正的自己 / 林霖著. -- 初版. -- 臺北市：時報文化, 2018.03
面；　公分. -- (唯心；15)
ISBN 978-957-13-7342-3(平裝)

1. 靈修

192.1　　107002611

時報文化出版公司成立於 1975 年，並於 1999 年股票上櫃公開發行，於 2008 年脫離中時集團非屬旺中，以「尊重智慧與創意的文化事業」為信念。

覺醒：看懂你的命運藍圖，
找回真正的自己

回函抽獎活動

新的一年開始，想要讓你開好運去除厄運嗎？
只要你完整的填寫讀者回函內容，
寄回時報出版，
就有機會獲得林霖老師親自為你祈福、消業障。

活動時間：

即日起至 2018/4/30 前 (以郵戳為憑)
得獎公佈：2018/5/4 於「林霖開運」及「時報出版流行生活線」粉絲頁公佈得獎者，並由專人聯絡。

【讀者資料】（請務必完整填寫，以便通知得獎者）

姓名：__________________ □ 先生　□ 小姐

國曆：__________年______月______日 時間：_______點______分

農曆：__________年______月______日 時間：_______點______分

職業：___________________________________

聯絡電話：（H）____________________ （M）_____________________

地址：□□□____

E-mail：____

注意事項：

1. 請撕下本回函 (正本，不得影印)，填寫個人資料 (凡憑正本回函可無限制投遞) 並請黏封好寄回時報文化。
2. 本公司保有活動辦法變更之權利。
3. 若有其他疑問，請洽專線：(02)2306-6600#8228 塗小姐。

※ 請對摺後直接投入郵筒，請不要使用釘書機。

時報文化出版股份有限公司

108 台北市萬華區和平西路三段 240 號 2 樓

第三編輯部 收

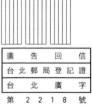